GANZHEITLICH HEILEN

Buch

Reiki ist eine Methode der Kanalisierung und Übertragung von Heilenergie, die derzeit immer mehr Anhänger findet. Die theoretischen Grundlagen der beiden weltweit bedeutendsten Reiki-Systeme und ihre praktischen Anwendungsmöglichkeiten werden hier ausführlich vorgestellt.

Autoren

Beate Blaszok, Reiki-Lehrerin und Heilpraktikerin, leitet das Reiki-Zentrum Allgäu, in dem sowohl Einzeltherapien angeboten werden als auch Reiki-Seminare. Sie lehrt außerdem Reiki im gesamten deutschsprachigen Raum und führt gleichzeitig eine Praxis für ganzheitliche Therapien mit den Schwerpunkten spirituelle Psychotherapie, Lebensberatung und Reiki.
Wulfing von Rohr ist bekannt als Ko-Autor erfolgreicher Therapeuten wie Chris Griscom und Ingrid Kraaz und außerdem Autor verschiedener eigener Bücher bei bekannten Verlagen. Er hält Kurse über Meditation und Astrologie an seinem Wohnort Santa Fe und auch in Deutschland und der Schweiz.

BEATE BLASZOK
WULFING VON ROHR

REIKI FÜRS LEBEN

Mit einer praktischen
Einführung
in beide Reiki-Systeme

GANZHEITLICH HEILEN

GOLDMANN

Originalausgabe

Umwelthinweis:
Alle bedruckten Materialien dieses Taschenbuchs
sind chlorfrei und umweltschonend.

Der Goldmann Verlag
ist ein Unternehmen der Verlagsgruppe Bertelsmann

Originalausgabe Oktober 1994
© 1994 Wilhelm Goldmann Verlag, München
in der Verlagsgruppe Bertelsmann GmbH
Umschlaggestaltung: Design Team München
Umschlagfoto: Guido Pretzl
Belichtung: Compusatz, München
Druck: Presse-Druck Augsburg
Verlagsnummer: 13769
Lektorat: Olivia Baerend
Redaktion: Ingrid Holzhausen
Fotos: Armin Riemann, Pegasus Verlag, Füssen
Herstellung: Sebastian Strohmaier
Made in Germany
ISBN 3-442-13769-1
www.goldmann-verlag.de

6. Auflage

Inhalt

Ich bitte um Segen für Sie und darum,
daß dieses Buch Ihnen allen
viele hilfreiche Einsichten eröffnen möge
und Sie den wunderbaren Reiki-Weg ins Licht
der geistigen, seelischen und körperlichen
Gesundheit finden.

* * *

Für Dominik-Samuel, meinen lieben Sohn,
und für alle anderen kleinen und großen Kinder
dieser Welt!

»Es ist der Wille des Tages,
der anbricht und sich entfaltet,
ohne sich um irgend etwas Sorgen zu machen,
denn er weiß, daß das Licht seine Natur ist
und daß er durch das Licht
immer wieder neu geboren werden wird.«

Meurois-Givaudan, *Vom Geist der Sonne*

1

Ein Weg ins Licht

Bewußtwerden heißt:
Das Licht der allgegenwärtigen Schöpferkraft
empfangen und ausstrahlen.

Mein persönlicher Weg zu Reiki

Seit meinem dreizehnten Lebensjahr war ich auf der Suche. Schon früh wollte ich wissen, wie Jesus Christus mit Handauflegen heilen konnte. Viele Jahre lang spürte ich den tiefen Wunsch in mir, selbst erleben zu dürfen, wie Menschen über die Hände geheilt werden – doch diese Gelegenheit bot sich lange nicht.

Gleich am Anfang meiner Heilpraktikerausbildung erzählte ich einem Mitschüler von meiner Vision des Heilwerdens durch die Kraft der Hände. Er sah mich nur erstaunt an und fragte, ob ich denn noch nichts von Reiki gehört hätte. Er begann, davon zu erzählen. Ich war fasziniert und meldete mich sofort, ohne weitere Informationen erhalten zu haben, zum nächsten Kurs an.

Ich erfuhr, daß es zwei große Reiki-Systeme gibt, das der »Reiki Alliance« unter der damaligen Leitung von Phyllis Lei Furumoto und jenes von Barbara Ray, das damals unter dem Namen »AIRA« gelehrt wurde. Beide betrachten sich als autorisierte Nachfolger und authentische Übermittler der Lehre, die von Mikao Usui im letzten Jahrhundert formuliert und von Chujiro Hayashi und Hawayo Takata fortgeführt und auch im Westen verbreitet wurde. (Mehr darüber in den Abschnitten über die Geschichte von Reiki und die beiden Systeme.)

Das waren die Grundinformationen für meinen Kopf. Wenn ich auch mit meinem Verstand damals noch nicht nachvollziehen konnte, warum es gleich zwei Reiki-Systeme gibt, so offenbarte mir die Reiki-Kraft, die universelle Lebensenergie, die Lichtkraft, die sich in mir durch die vier Einstimmungen zum 1. Grad offenbarte, ein ganz neues, einzigartiges Lebensgefühl. Etwas in mir wurde ganz tief berührt, und es kam einiges in Bewegung: Auf der Gefühlsebene spürte ich mich zum ersten Mal »authentisch«, nahm bewußter wahr, wann ich fröhlich, traurig, ausgelassen, wütend oder heiter war. Ich konnte das, was mich bewegte, nicht mehr »verstecken«. Meine Emotionen wollten anerkannt und gelebt werden. Ein neues, aufregendes Leben begann. Oft erkannte ich intuitiv und blitzartig Zusammenhänge zwischen meinem körperlichen (Un-)Wohlbefinden und der Entsprechung auf den seelischen Ebenen.

So wurde ich mir mehr und mehr bewußt, was sich in meinem »äußeren« Leben gegen mein »inneres« Leben richtete. Ich spürte deutlicher und intensiver die Wechselbeziehungen zwischen meinem Sein und dem, was aus der Umwelt auf mich zukam. Eine spannende

Reise in die Dimensionen des Unterbewußten, Unbewußten, Bewußten und Überbewußten begann.

Ich bin der Lichtkraft dankbar, daß sie mich auf meinem Weg begleitet und mich zu Menschen, Situationen und Erfahrungen führt, die mich stetig wachsen lassen, die mir helfen, mich mit jedem neuen Tag mehr auf mich selbst und auf das innere Licht in mir einzulassen.

Ich erfuhr, daß wir nur in der Kraft des Lichts unser wahres Zuhause finden können und daß Reiki all das fördert, was Licht in uns ist. Aus diesem Licht ist alles geboren, dieses Licht ist Ursprung der ganzen Schöpfung, dieses Licht heilt Körper, Geist und Seele – weil es unser eigenes inneres Licht erstrahlen läßt. Aus der ewigen Lichtquelle können wir alles empfangen, was für unseren Wandel notwendig ist. Dieser Wandel besteht darin, daß wir aus unvollständigen, unbewußten und leidenden Wesen zu ganzen, heilen, bewußten und lichterfüllten Menschen werden. Unser Auftrag und gleichzeitig unser Geburtsrecht ist, daß wir auf diesem Planeten Erde ein kreatives, zufriedenes, liebevolles und glückliches Leben führen und uns gleichzeitig unserer »Wurzeln im Himmel« bewußt sind. Wenn ich von den »Wurzeln im Himmel« spreche, so meine ich damit, daß wir aus einer größeren schöpferischen, lichten und göttlichen Einheit stammen und dorthin eines Tages wieder zurückfinden werden.

Aufgrund dieses eigenen Erlebens kann ich jedem Menschen versichern, daß diese Lichtkraft ebenso auch für ihn und in ihm strahlt, daß sich jeder ganz genauso dieser universellen Lebenskraft öffnen und durch sie wunderbare Hilfen, Heilungen und Segnungen erfahren kann. Was mir geschenkt worden ist, kann jedem Menschen geschenkt werden – jederzeit! Ich betrachte es als eine wertvolle und erfüllende Aufgabe, daß ich möglichst vielen Menschen mitteilen darf, daß diese universelle Lebenskraft existiert und daß es einen praktischen Weg ins Licht gibt, den sie selbst beschreiten können.

Alles, was in uns nicht heil ist, was unwahr, unrichtig oder dunkel ist, wird durch Reiki sichtbar und uns bewußt – wir können nichts mehr verbergen. Aus dieser Erkenntnis erwächst, zumindest für mich persönlich, die Kraft zur erneuten Wandlung und zur Durchlichtung: Indem ich die Reiki-Kraft in die dunklen oder schwachen Bereiche »sende« oder »einstrahlen lasse«, werden sie von heilendem Licht erfüllt und durchflutet. So wird ein ganzheitliches Heilwerden auf allen Ebenen unseres Seins möglich.

So wurde und ist Reiki für mich vor allem und zuallererst eine Methode zur SELBST-HILFE, eine Hilfe für unser Selbst! Reiki wird damit zu einer »Methode«, einem »Hilfsmittel«, das uns in unsere Mitte führt.

Je mehr Licht wir selbst ausstrahlen, desto lichter sind nicht nur wir selbst, sondern desto heller wird unsere Umwelt sein. Ängste wandeln sich um, Selbstvertrauen und Zuversicht wachsen, Mitgefühl und Klarheit helfen, unserem Leben einen Sinn zu geben. Die »Belohnung« für ein bewußtes Leben ist Harmonie, Zufriedenheit, Freude oder Glück!

In diesem Buch kann ich ausschließlich meine eigenen Erfahrungen mit Reiki weitergeben und einiges wenige aus der seriösen Reiki-Literatur zitieren. Ich habe nie den Impuls in mir gespürt, andere Menschen, andere Reiki-Meister/Lehrer oder Reiki-Systeme zu beurteilen, geschweige denn zu verurteilen. Statt dessen bemühe ich mich um eine angemessene, faire und hilfreiche Darstellung. Ich wünsche mir, daß dieses Reiki-Buch Ihnen klare, lichte Antworten auf möglichst viele Ihrer Fragen zu Reiki und zu den beiden großen Lehrsystemen geben möge. Ich bin für die wunderbaren Dienste, die viele Menschen in beiden Systemen vollbringen, dankbar, und ich schätze und achte jene Menschen, die sich als »freie« Reiki-Meister/Lehrer auf verantwortliche Weise in den Dienst der universellen Lichtenergie stellen. Ich selbst verstehe mich als selbständige, freie Reiki-Meisterin/Lehrerin.

Hören Sie auf Ihre innere Stimme, die Ihnen intuitiv eine Führung bei der Entscheidung anbietet, welchem Reiki-Meister/Lehrer Sie sich bei Ihren nächsten Entwicklungsschritten anvertrauen.

In der Arbeit als Reiki-Anwenderin und -Lehrerin sowie als Heilerin ist mir die persönliche Begleitung und Betreuung der Menschen, die sich auf Reiki einstimmen lassen, besonders wichtig – wenn sie dies wünschen. Es kann und darf nicht um »Schnelleinweihung« oder gar um »schnellverdientes Geld« gehen. Vielmehr besteht die wahre Aufgabe darin, daß wir andere Menschen nicht auf sich allein gestellt lassen, sondern sie ein Stück ihres Weges begleiten, wenn sie dies möchten, und daß wir uns selbst und anderen Menschen helfen, sich wieder geborgen zu fühlen und sich weiter zu entfalten – auf dem Weg ins Licht, zu unserer wahren Natur.

Wenn ich in diesem Buch im folgenden vom Reiki-Meister, Reiki-Schüler, Reiki-Lehrer und so weiter spreche, ist die weibliche Form natürlich immer inbegriffen. Nur aus optischen und sprachlich-ästhetischen Gründen habe ich darauf verzichtet, stets von Reiki-Meister-Innen/SchülerInnen und so weiter zu sprechen. Ich bitte die Leserinnen meines Buches, dies nicht als Diskriminierung ihres Geschlechts aufzufassen. Nichts läge mir ferner.

2
Was ist Reiki?

Harmonie und Heilung
durch die universelle Lebensenergie

Überblick: Geschichte und Begriffe des Reiki

Reiki ist einerseits ein Name für die universelle Lebensenergie zur Harmonisierung, Heilung und Bewußtwerdung des ganzen Menschen. Andererseits bezeichnet
der Begriff Reiki auch ein methodisch aufgebautes System der Übertragung von Heilenergien. In diesem System bedienen wir uns der universellen Lebensenergie
und übertragen heilende Lichtkräfte über die Hände.
Diese Übertragung erhält der Empfänger entweder direkt oder – ab dem sogenannten 2. Grad – auch in seiner
Abwesenheit über Raum und Zeit hinweg, mittels be-
stimmter, kraftgeladener universeller Symbole.

> Zum Verständnis der grundlegenden
> Gesetze des Universums bin ich nicht
> durch rationales Denken gekommen.
> *Albert Einstein*

Es ist leichter, Reiki zu spüren, zu erfahren und zu erleben, als Reiki zu erklären und zu beschreiben.

Das Reiki-System hat seinen Ursprung in mystischen Offenbarungen über die Existenz, die wunderbaren Wirkungen und die praktische Anwendung der universellen Lebensenergie, die der Japaner Mikao Usui im 19. Jahrhundert empfing.

Er und seine Nachfolger Chujiro Hayashi und Hawayo Takata sowie deren Mitarbeiter und Schüler vertieften ihre Erfahrungen mit der universellen Lebensenergie und entwickelten ihre konkrete heilerische Anwendung weiter.

Heutzutage gibt es zwei große Reiki-Richtungen, die »Reiki-Alliance« (bislang) unter Leitung von Phyllis Lei Furumoto und die »T.R.T.A.I.« (früher »AIRA«) unter Leitung von Barbara Ray.

Der Begriff Reiki
Das Wort Reiki kommt aus der japanischen Sprache. Es besteht aus den beiden Silben bzw. Teilworten REI und KI. Im Japanischen gibt es zwei Schreibweisen für »Rei-Ki«, wie den Abbildungen auf Seite 27 zu entnehmen ist.

Wenn wir in einem Sprachlexikon nachschlagen, finden wir folgende Bedeutungen für »REI«: Seele, Geist, heiliger Geist. »REI« meint auch das Universum, das

»All-Es« vom kleinsten Energiequant bis zum Weltall, das seinerseits aus unzähligen Energiequanten besteht und gleichzeitig selbst mehr als die Summe seiner Teile ist.

Für »KI« finden wir eine Fülle von Übersetzungsmöglichkeiten, u. a. »Geist«, »Herz«, »Absicht«, »Wesen«, »Energie«, »Atmosphäre«, »Gefühl«. »KI« bezeichnet die Lebensenergie, sei es in Form von Kraft oder Licht oder Wärme.

Beide Reiki-Schriftzeichen sind ursprünglich chinesische Schriftzeichen. Im gesamten südostasiatischen Raum stellt bekanntlich die chinesische Schrift die Grundlage der Schriftsprache dar, die dann, je nach Land national entsprechend abgewandelt, in Japan, Korea, Vietnam, Kambodscha etc. Verwendung findet.

Für mich bedeutet Reiki »Universelle Lichtenergie« oder, anders ausgedrückt, die »Essenz allen Seins«, die in allen Dingen der ganzen Schöpfung lebt und wirkt.

Nach meiner Auffassung und Erfahrung von Reiki gehört noch ein weiterer Aspekt, der in unserem Leben oft zu kurz kommt, dazu: LIEBE! Liebe ist für mich ein Synonym für Licht und Leben. Ich weiß, daß dieses Wort mißverstanden werden kann und oft oberflächlich gebraucht wird und manche Menschen dabei vielleicht an »Gefühlsduselei« denken. Aber Leben ohne Liebe, Licht ohne Liebe, Hilfe und Heilung ohne Liebe – das wäre, als ob uns Menschen die Luft zum Atmen fehlte.

Die Reiki-Kraft öffnet uns für die Liebe, die in jedem Menschen schlummert, von der die Weisen und Heiligen, die Propheten und Heiler künden. Liebe **ist** Licht und Kraft in unserem Leben. In meinem Erleben erweist sich Reiki als kraftvoller und heilsamer Ausdruck der universellen Liebe.

Zur Geschichte von Reiki

Der Japaner Mikao Usui ist der Wiederentdecker der wunderbaren Heilkraft der universellen Lebensenergie, der er den Namen »Rei-Ki« gab. Bekanntlich heilten bereits Jesus Christus und viele weniger bekannte Mystiker und Heiler aus einer großen schöpferischen Kraft heraus, die nicht ihre eigene, persönliche Kraft war.

Mikao Usui wurde im 19. Jahrhundert geboren. Merkwürdigerweise finden sich weder das genaue Geburts- noch das Todesjahr in den Annalen der Reiki-Literatur. Ob dieses Manko einem Mangel an Wissen oder einem Hang zur Mystifizierung entspringt, ist nicht ganz klar.

Mikao Usui war Leiter einer christlichen Priesterschule in Kyoto. Im Laufe seiner persönlichen spirituellen Suche und im Rahmen von Studienreisen kam er unter anderem in die USA und erwarb in Chicago einen Doktortitel der Theologie. Danach besuchte er Indien und lernte dort Sanskrit.

Nach seiner Rückkehr nach Japan fand Mikao Usui sowohl in alten Sanskritschriften als auch in tiefen Meditationen die Offenbarung wesentlicher Aspekte der universellen, alles durchdringenden Lebensenergie und ihren jeweiligen Ausdruck in bestimmten kraftgeladenen Symbolen. Daraus entwickelte er die Grundlagen des Reiki-Systems, wie es heute gelehrt und angewandt wird. Mikao Usui gilt allen heutigen Reiki-Lehrern und -Schülern als der erste Reiki-Großmeister. Nach Auskunft einiger Reiki-Meister war Dr. Usui übrigens Buddhist. Um seine verblüffenden Heilerfolge ranken sich viele wunderbare Geschichten. Sie bescherten ihm schon zu Lebzeiten einen großen Zustrom von Menschen.

Nicht mehr so »modern« und heute vielleicht manchmal weniger zitiert, ermahnte Mikao Usui die Menschen ebenfalls ausdrücklich, Eltern, Lehrer und ältere Menschen zu ehren!

Mikao Usui stellte einige einfache Lebensregeln
auf. Sinngemäß könnten sie etwa wie folgt
übersetzt werden:

Heute lasse ich allen Ärger los.
Gerade heute bin ich frei und glücklich.

* * *

Heute lasse Ich alle Sorgen los.
Gerade heute freue ich mich.

* * *

Heute tue ich aufrichtig meine Arbeit.
Gerade heute erfüllen mich
meine Aufgaben.

* * *

Heute lebe ich bewußt im Jetzt
und nehme alle Segnungen dankbar an.
Gerade heute strahle ich Liebe
zu allen Lebewesen aus.

Dr. Usui bestimmte vor seinem Tod Dr. Chujiro Hayashi, einen japanischen Marineoffizier, öffentlich zu seinem Nachfolger. Hayashi, der 1941 verstarb, wurde zum Großmeister des Reiki. Er führte jahrelang eine Reiki-Klinik in Tokio.

Die Japanerin Hawayo Takata, eine einfache Frau, lebte auf Hawaii. Nach dem Tode ihres Mannes wurde sie schwer krank und fuhr nach Japan, um sich dort behandeln zu lassen. Statt eine vorgesehene Operation durchführen zu lassen, folgte sie einer inneren Stimme, die sie zur Reiki-Klinik von Dr. Hayashi führte. Dort wurde sie geheilt und entwickelte deshalb den großen Wunsch, anderen Menschen mit dieser heilenden Energie in gleicher Weise helfen zu können, wie ihr geholfen wurde.

Die Einweisung in Reiki war bis dahin nur Männern vorbehalten. Oft stellen wir ja fest, daß auch andere mystische Traditionen und »Meisterwege« völlig unnötig ausschließlich oder überwiegend männerorientiert sind. Frau Takatas Wunsch wurde jedoch nach vielen »Umwegen des Schicksals« erfüllt, sie wurde in Reiki eingewiesen. Dr. Hayashi besuchte Frau Takata 1938 auf Hawaii und weihte sie dort am 21. Februar ein, wodurch sie zum 13. Meister des »Usui Systems der arzneimittelfreien Heilung« wurde. Zu einem späteren Zeitpunkt ernannte er sie zu seiner offiziellen Nachfolgerin. Sie verbreitete Reiki besonders in den USA und Kanada, von wo aus es auch nach Europa kam.

Da Hawayo Takata keine nachweisbar offizielle Nachfolgerin bestimmte, ergab sich eine Aufgliederung der Reiki-Lehre in zwei weltweit tätige Schulen. Es bildeten sich zwei Organisationen, deren heutige Namen »Reiki Alliance« und »The Radiance Technique Association International« (»T.R.T.A.I.«) sind. Phyllis Lei Furumoto ist die Mitbegründerin der Reiki-Alliance, Barbara Ray ist die Gründerin der T.R.T.A.I.

Ende der achtziger Jahre gestattete Frau Furumoto offiziell, daß Reiki-Meister/Lehrer auch andere Meister/Lehrer in die höheren Grade einweisen durften. Danach verbreitete sich Reiki sehr rasch, eine Reihe »freier« Reiki-Meister/Lehrer nahmen ihre Arbeit auf. Später wiederum entstanden weitere kleinere Reiki-Gruppierungen.

Die Autorin fühlt sich nicht berufen, die Ursachen dieser Gruppenbildungen zu untersuchen oder sie gar zu bewerten. In diesem Buch soll so offen, neutral und klar wie möglich beschrieben werden, wie sich Reiki heute, in den 90er Jahren, darstellt und wie die Autorin selbst Reiki anwendet. Auf einige wichtige Schwerpunkte der beiden großen Schulen, der Reiki Alliance und der T.R.T.A.I., gehe ich später ein. (Vertreter der T.R.T.A.I. legen Wert auf die Feststellung, daß nach ihrer Ansicht die »Radiance Technique« nichts mit »Reiki« zu tun habe; allerdings haben sie sich das Warenzeichen »Real Reiki« eintragen lassen.)

Die Schreibweise in der Abbildung links wird vor allem im System der T.R.T.A.I., die früher A.I.R.A. hieß, verwandt. Die Schreibweise rechts benutzt die Reiki Alliance (R.A.).

Ich selbst habe den 3. Grad nach dem System der Reiki Alliance sowie den 4. Grad durch Meister/Lehrer, die sich von der A.I.R.A./T.R.T.A.I. getrennt haben, erworben: Dennoch gehöre ich weder einer dieser beiden noch irgendeiner anderen Reiki-Organisation formell an. Ich betrachte mich als »freie Reiki-Meisterin/Lehrerin«.

Reiki wird je nach System in mehreren Graden gelehrt. Im Verlauf der Ausbildung erhält der Schüler kraftgeladene Symbole, die zur weiteren Reiki-Anwendung bestimmt sind.

Reiki-Grade und -Symbole

Im **1. Reiki-Grad** empfängt der Reiki-Schüler keine Symbole.

Die Symbole der verschiedenen späteren Grade werden als »inneres Wissen« erst bei der jeweiligen Einstimmung (man kann auch Einweisung oder Einweihung sagen) offenbart. Die Symbole gelten als geheiligt und kraftgeladen. Menschen, welche die Einweisung ab dem 2. Grad erhalten, übernehmen damit gleichzeitig die Verantwortung, die »mystischen Geheimnisse« der Symbole zu bewahren. In unserer Zeit sind meiner Ansicht nach immer mehr Seelen bereit, höheres Bewußtsein zu entwickeln und dazu die entsprechenden geistigen Wahrheiten zu empfangen. Mit um so größerem Respekt und um so größerer Verantwortungsbereitschaft sollten wir deshalb mit dem uns anvertrauten inneren Wissen umgehen.

Symbole sind meiner Ansicht nach multidimensionale, lebendige Energiefelder. Unsere Seele lebt und drückt sich in Bildern und Symbolen aus. Wir träumen auch in

Bildern und von Symbolen; unsere rechte Gehirnhälfte arbeitet mit Bildern und Symbolen.

Über Symbole können wir Zugang zu seelischen Dimensionen erlangen. Die Symbole üben dann eine Funktion als »Schlüssel zur Seele« aus. In beiden Reiki-Systemen gibt es zumindest ein »universelles« Symbol sowie mehrere andere, die zum Teil durch chinesisch-japanische Schriftzeichen ausgedrückt werden.

Mikao Usui hatte die von ihm wiederentdeckten Sanskrit-Symbole sowie die ihm in seinen mystischen Erlebnissen geschenkten Offenbarungen entweder in den Symbolen chinesisch-japanischer Schriftzeichen übertragen, oder er hat sie, innerlich inspiriert, in eine neue, eigenständige Form gekleidet.

Haben Sie schon einmal die Spiralbewegung des abfließenden Wassers in der Badewanne beobachtet – oder das Haus einer Meeresschnecke?

Eines der grundlegenden Reiki-Symbole ist eine bestimmte »Energie-Spirale«, wie sie als uralte Energieform in allen Kulturen zu finden ist. Man hat sie auf den »Landeplätzen« (von Außerirdischen?) im Hochland von Peru entdeckt, an Felswänden der Anasazi-Indianer im amerikanischen Südwesten, in der keltischen Druidenreligion – und wir finden sie sogar noch im spiralförmig gebogenen oberen Ende des Bischofsstabs.

Die Reiki-Symbole sind kraftgeladene Symbole. Deshalb ist es notwendig, daß der Schüler zunächst eine

Reiki-Einstimmung erfährt und ein bestimmtes Maß an Bewußtheit entwickelt, um mit diesen Kraftsymbolen verantwortlich umzugehen. Bei einem richtig in das gesamte Reiki-System eingestimmten Schüler kann die Energie der Symbole nur zum Wohle der Menschen, nie negativ wirken. Ich persönlich rate davon ab, mit Reiki-Symbolen ohne die erforderliche Einstimmung zu arbeiten beziehungsweise Reiki-Symbole höherer Grade ohne die entsprechend höhere Einweisung zu verwenden. Andere Reiki-Vertreter sind der Ansicht, daß die Symbole ohne die Einstimmung »leere Hülsen« seien, die noch nicht energetisch aktiviert und damit in jeder Hinsicht wirkungslos blieben.

Die Einstimmungen beziehungsweise Einweisungen in die verschiedenen Reiki-Grade werden mit den entsprechenden Symbolen im Rahmen eines genau festgelegten Handlungsablaufs vollzogen.

Im 1. Reiki-Grad erfährt der Schüler eine vollständige Einweisung in das komplette Reiki-System. Er wird dabei mit der universellen Lebensenergie verbunden, die er jederzeit und überall über die Hände weitergeben kann – bis zum Ende seines Lebens. Meine Überzeugung ist: »Reiki-Hände sind Licht-Hände«.

Der 1. Grad macht es möglich, die Lichtenergie im direkten Kontakt der eigenen Hände sich selbst, einem anderen Menschen, Tieren und Pflanzen sowie anderen Bereichen der Schöpfung zufließen zu lassen.

Ab dem **2. Reiki-Grad** stehen für den Schüler drei Symbole im Mittelpunkt der Arbeit mit der heilenden Lichtenergie. Die Symbole verstärken die Reiki-Energie. Es handelt sich jedoch nicht etwa um eine neue oder andere Energie als die des 1. Grades. Sie erfahren vielmehr eine deutliche Steigerung Ihres Energiepotentials, und Sie können über Ihre Hände wesentlich mehr Lichtenergie übertragen und die Lichtkraft zu jeder Zeit verstärken.

Beim 1. Grad spürt der Reiki-Schüler eine warme Strahlung, die sanft aus der ganzen Hand strahlt. Beim 2. Grad dagegen handelt es sich um einen intensiven Energiestrahl, der aus den Chakras auf den Handinnenflächen »herausschießt«, wie es der amerikanische Reiki-Lehrer David Jarrell ausdrückt.

Der 2. Grad macht es möglich, auch über Raum und Zeit hinaus allen Wesen, aber auch allen Situationen, Ereignissen, Blockaden usw. universelle Lichtenergie zu senden. Außerdem läßt sich mit dem 2. Grad die Ganzkörperbehandlung deutlich abkürzen. Wir können jetzt auch über eine bestimmte, dort vermittelte Technik unser Fühlen und Denken harmonisieren.

Im **3. Grad** kommt der Lernende in Kontakt mit dem Meistersymbol. Mit dem Meistersymbol holen wir »das große Licht« auf die Erde.

Der 3. Grad steht für den Auftrag und die Befähigung, Schüler des 1. und 2. Grads einzustimmen und sie mit der universellen Lichtenergie direkt und unmittelbar zu

verbinden. Oft findet ab diesem Zeitpunkt eine Aufgliederung statt:

Einerseits gibt es die Ausbildung zur inneren Meisterschaft. Sie bedeutet, daß man sich selbst und anderen
Menschen mit einem höheren Energiepotential Hilfe-
stellung leisten kann. Die innere Meisterschaft heißt
auch, daß sich weitere Möglichkeiten im Umgang mit
der universellen Lebensenergie ergeben. Bei den »freien
Reiki-Meistern« bezeichnen wir diesen Grad als »3 A«-
Grad (Meister-Grad).

Andererseits können Reiki-Meister nach einer entsprechenden besonderen Ausbildung und inneren Be-
rufung auch Reiki-Lehrer werden. Das bedeutet, daß sie
andere Menschen in den 1. und 2. Grad einführen können. Bei den freien Reiki-Meistern/Lehrern wird dieser
Grad »3 B«-Grad (Lehrer-Grad) genannt.

In der offiziellen Reiki Alliance sind beide Aspekte
unter der Bezeichnung »3. Grad« zusammengefaßt;
man spricht dann vom »Meister/Lehrer-Grad«.

In der T.R.T.A.I. beginnt ab dem 3. Grad eine andere
Fortführung der Reiki-Ausbildung. T.R.T.A.I. unterteilt
den 3. Grad in »Radiance Technique 3. Grad«, »3 A
Meister-Grad« und »3 B Meister/Lehrer-Grad«.

Weiterführende Informationen zu den Graden finden
sich an späterer Stelle in den Abschnitten über die beiden großen Reiki-Systeme.

Die Reiki-Einstimmung

Eine Gitarre, ein Klavier oder eine Violine müssen wir von Zeit zu Zeit neu stimmen, damit sie harmonische, wohltuende Töne erklingen lassen. Ein ungestimmtes Musikinstrument läßt Mißklänge hören, die uns Menschen disharmonisch stimmen.

Nehmen wir an, Sie möchten Musik hören. Dann müssen Sie zuerst das Radio einschalten, dann einen Senderbereich – UKW oder Mittelwelle – wählen, und schließlich müssen Sie den Sender suchen, der die von Ihnen gewünschte Musik spielt, und feineinstellen.

Dies sind zwei Beispiele aus unserem Alltag, wie wir ganz natürlich mit Einstimmungen umgehen, um einem Klangkörper die in ihm verborgenen harmonischen Töne zu entlocken oder ein elektronisches Gerät darauf einzustellen, daß es von einem weit entfernten Sender bestimmte Signale empfängt.

Im Reiki-System geht es ebenfalls darum, daß wir uns auf die universelle Lebensenergie einstellen oder einstimmen. Zunächst müssen wir uns ihr zuwenden.

Nach dem ersten Kontakt erfolgen »Feineinstellungen«. Nachdem wir das erfahren haben, wissen wir von diesem Zeitpunkt an, wie, wo und wann wir uns immer wieder auf die Reiki-Kraft einstellen können. Heutzutage nennt man diese Vorgänge meistens »Einstimmung«, früher hat man den Begriff »Einweihung« dafür verwendet.

Da Reiki die göttliche Urkraft, die universelle Lichtenergie, ist, hilft es uns, unser eigenes, wunderbares Instrument – unser wahres Selbst – wieder zu stimmen. Unser eigenes Instrument ist geboren aus der Ganzheit all unserer Körper. Es ist wichtiger denn je, besonders zu Beginn des Wassermann-Zeitalters, unser eigenes Wesen, unser wahres Selbst neu zu stimmen, damit wir die Melodie wiederfinden, nach der wir geschaffen worden sind. Oft genug erscheint uns die Welt deshalb stumm, weil wir in Wirklichkeit selbst taub geworden sind.

Weil wir Menschen unsere eigene Lichtnatur ignorierten oder sie gar ablehnten beziehungsweise uns von ihr absonderten (Absonderung = Sünde), hielten Kummer und Leid, Dissonanz und Schmerz Einzug in unser Leben. Indem wir uns wieder ganz bewußt werden, wer wir wirklich sind – nämlich manifestierte göttliche Lichtenergie –, indem wir uns unseres eigenen inneren Lichtkörpers bewußt werden und seine Schwingung durch Reiki anheben, ist wirkliches ganzheitliches Heilwerden aus höchster Sicht möglich, jedoch immer nur in Übereinstimmung mit dem göttlichen Plan unserer Seele.

Nur mit dem Ego, nur mit dem Verstand oder nur mit Gefühlen erreichen wir wenig. Erst wenn wir Herz und Seele für die überpersönliche schöpferische Kraft in uns öffnen und gleichzeitig das »Dein Wille geschehe« annehmen, erfahren wir wieder unsere Lichtnatur. Dann kann sich unser Lichtkörper verwirklichen, und wir erlangen auf allen Ebenen unseres Seins natürliche Heilung und Ganzheit.

So stimmen wir uns immer feiner auf unser wahres Potential und unsere höchste Bestimmung ein. Durch die Reiki-Einstimmungen kommen wir in unmittelbaren Kontakt mit der universellen Lichtenergie.

Die Einstimmung für den 1. Grad findet im Rahmen eines zwei- oder dreitägigen Kurses statt. Im 1. Grad gibt es insgesamt vier Energie-Einstimmungen, die auf zwei Tage verteilt werden. Im Seminar werden auch die theoretischen Grundlagen von Reiki umfassend vermittelt. Nicht zuletzt lernen die Teilnehmer mögliche Handpositionen zur Selbst- und Fremdanwendung kennen.

Die erste Einstimmung öffnet uns für die universelle Lichtenergie. Die zweite und dritte Einstimmung stellen »Feineinstellungen« für diese Energie dar. Erst mit der vierten Einstimmung sind wir dauerhaft mit der Reiki-Energie verbunden.

Bei den vier Einstimmungen zum 1. Grad habe ich persönlich ein »Kribbeln« auf dem Scheitelchakra empfunden, das sich auf meinen Hals und die Wirbelsäule ausgebreitet hat. Danach habe ich am ganzen Körper ein wohliges Gefühl von Wärme gespürt. Selbst meine Füße und Hände, die sonst schlecht durchblutet waren, fühlten sich schön warm an.

In den Tagen danach hatte ich die Empfindung, nicht mehr die zu sein, die ich vorher war. Ich war irgendwie ganz »neu«!

Die Schüler des Reiki-Zentrums Allgäu berichten nach den Reiki-Einstimmungen zum 1. Grad häufig von Lichterlebnissen, »Kribbeln« auf dem Kopf oder im Körper, von Wärmegefühlen in den Händen und Fingerspitzen, einem warmen Strom entlang der Wirbelsäule bis hinunter in die Zehenspitzen. Manche sehen auch Blumen sowie Bilder, die nicht nur irdischen Ursprungs zu sein scheinen. Andere sehen »Filme« aus ihrem bisherigen früheren Leben, die jetzt für sie von Bedeutung sind, oder haben »Aha-Erlebnisse«, durch die ihnen ein Licht aufgeht über ihre jetzige Situation. Wieder andere spüren oder sehen nichts Konkretes, sondern fühlen sich rundum wohl und tief innen »berührt«. Die zahlreichen Lichterfahrungen bei unseren Einstimmungen sind für alle Anwesenden besonders beglückend.

Beim 2. Grad gibt es normalerweise eine Energie-Einstimmung. Ich führe allerdings am zweiten Tag gern eine Wiederholung der gleichen Energie-Einstimmung durch, weil die Menschen dies als eine willkommene Vertiefung und als Höhepunkt des zwei- bis dreitägigen Kurses empfinden. In diesem Reiki-II-Kurs mache ich die Teilnehmer intensiv mit den Reiki-Symbolen – und deren Bedeutung! – vertraut, sie erlernen das Senden von Lichtenergie über Raum und Zeit anhand vieler praktischer Übungen. Wir üben die Reiki-Anwendung zur Harmonisierung und Umwandlung von Energieblockaden im emotional-mentalen Bereich mittels einer speziellen Handposition.

Meine Einstimmung in den 2. Grad brachte mir ein besonders befreiendes Glücksgefühl und eine umfassende und tiefe Harmonie. Daraus erwuchs das Gefühl einer intensiven Geborgenheit, die es mir möglich machte, meine damalige Situation mit Klarheit zu sehen und notwendige Entscheidungen mit Zuversicht und Urvertrauen auszuführen.

Ein typisches Merkmal der Einstimmung in den 2. Grad ist, daß die Kraftzentren in den Handflächen, die Handchakras also, stark aktiviert werden. Nach der Einstimmung in den 1. Grad ist bei Reiki-Anwendungen allgemeine Wärme und Energie in der ganzen Hand zu spüren. Nach der Einstimmung zum 2. Grad strahlen die Handchakras die Lichtenergie jedoch sehr viel wärmer, intensiver, stärker und gebündelter aus. Das empfinden die meisten Schüler auch so. Dazu kommt die Erfahrung von Wärmegefühl auf dem Kopf und ab und zu auch ein »Energiekribbeln«, das von den Händen die Arme bis zu den Schultern hinaufzieht. Es gibt auch wieder etliche Lichterlebnisse und häufig ausgeprägte Empfindungen von Entspannung und Harmonie.

Manche Menschen erleben »mehr« bei der Einstimmung zum 1. Grad, manche beim 2. Grad – das ist individuell unterschiedlich und bei jedem völlig einzigartig. Es ist in Ausnahmefällen jedoch auch möglich, daß Menschen wenig oder nichts spüren – sie haben dann die Empfindung, daß »etwas« auf inneren Ebenen geschehen ist, was sie nicht bewußt nachvollziehen konnten.

Die Einstimmung zum 3. Grad hat für mich persönlich vor allem das Bewußtsein des All-Eins-Seins unmittelbar erlebbar gemacht. Mir wurde deutlich, worin meine Aufgabe in diesem Leben besteht.

Zehn Merkmale der Reiki-Energie

Manches wird Reiki genannt, was in Wirklichkeit nicht Reiki ist. Der universellen Lichtenergie wohnen besondere Eigenschaften inne. Erinnern wir uns daran, daß diese Kraft ja die Essenz allen Seins ist und immer und ausschließlich die natürliche und harmonische Entwicklung jedes Lebewesens fördert. Am Reiki-Zentrum Allgäu haben wir zu folgenden zehn »Erkennungsmerkmalen« für Reiki-Energie gefunden.

1. Reiki wirkt immer zum Wohle des Empfängers.
Allerdings sind nicht alle heilsamen Wirkungen immer auch willkommen und angenehm. Manchmal mag es für den Menschen aus überpersönlicher Sicht und für das Ganze und dessen sinnvolle Entwicklung nützlicher sein, etwas »Unangenehmes« zu erfahren. Nie wirkt Reiki jedoch negativ!

2. Reiki kann nicht »mißbraucht« werden.

Die universelle Lichtenergie wirkt immer auf ihre eigene wunderbare Weise; sie »kann gar nicht anders«. Reiki fördert immer das Licht in uns. (Manchmal können vielleicht unzutreffende Darstellungen oder nicht richtig übermittelte Symbole beziehungsweise deren unautorisierte Verwendung zu falschen Erwartungen und deshalb zu Enttäuschungen führen.)

3. Reiki wirkt immer auf der Ursachen-Ebene.

Wenn Krankheitssymptome bei beziehungsweise nach einer Reiki-Behandlung verschwinden, dann deshalb, weil deren Ursache, der Sinn für ihre Existenz, transformiert wurde und nicht, weil das Symptom weggewischt wurde.

4. Reiki wirkt auf allen Ebenen des Seins.

Da die universelle Lichtenergie aus der höchsten Ebene, dem Urgrund allen Seins, kommt, durchleuchtet sie auf ihrem Weg zur materiellen Ebene alle dazwischen liegenden Ebenen und transformiert Blockaden, wo diese noch bestehen.

5. Die Reiki-Anwendung kennt keine Einschränkungen.

Jeder Einwand wie »Nicht bei . . .«, »Höchstens . . .« oder »Nur, wenn . . .« ist der universellen Lichtenergie fremd. Wenn für den ursprünglichen Grund der Anwendung genügend Energie übertragen wurde, wirkt der Überschuß auf einer anderen Ebene zum Wohle des Empfängers weiter.

6. Der Gebende ermüdet durch die Anwendung nicht.

Wer sich nach einer Reiki-Behandlung ausgelaugt fühlt, hat nicht oder nicht nur Reiki-Energie übertragen, sondern statt dessen auch seine eigenen Energien verwendet. Wenn man sich nicht von Mitleid, vom eigenen Wollen oder oft unentdeckten Wünschen verleiten läßt, profitiert man auch als Gebender, nicht nur als Empfangender, von der bei der Behandlung übertragenen Energie. Je mehr ich als Gebender und Nehmender bereit bin, ES geschehen zu lassen, desto mehr Energie kann übertragen und aufgenommen werden. »Herr, Dein Wille geschehe!«

7. Der Empfänger muß nicht an Reiki »glauben«.

Das Annehmen der universellen Lichtenergie ist ebenso wenig ein bewußter Akt, wie unsere Verdauung ein bewußtes Annehmen materieller Energien ist. Daher ist kein Glaube an die Wirksamkeit, keine Konzentration auf das Geschehen und keine bestimmte Vorbereitung erforderlich!

8. Die Wirkung ist unabhängig von der Verfassung.

Ob Gebender oder Empfänger: Die Wirksamkeit der Energie hängt nicht von der körperlichen Verfassung ab oder davon, wie sich der Mensch im Augenblick fühlt.

9. Die Wirkung ist unabhängig von der Umgebung.

Die Reiki-Energie wirkt unter allen äußeren Umständen, positiven wie negativen, gleich stark. Eine angenehme und für das Gemüt wohltuende Atmosphäre trägt natürlich auf anderen Ebenen dazu bei, das subjektive Wohlbefinden zu erhöhen.

10. Es sind keine »Reinigungsübungen« notwendlg.

Reiki selbst, das universelle, strahlende Licht, ist eine reinigende Kraft. Wenn wir **mit** Reiki reinigen können, brauchen wir uns nicht vorher **für** Reiki zu reinigen. Die beste Reinigungsübung für den Energiekörper ist die häufige Anwendung von Reiki für uns und andere.

Das Reiki-System als Heilmethode

Energie kann weder erzeugt noch vernichtet, sondern nur von einer in eine andere Form umgewandelt werden, dies lehrt uns unsere moderne Naturwissenschaft mit ihrem bekannten Satz der Energieerhaltung. Deshalb ist Energietransformation und Arbeit mit dem Licht der einzige Schlüssel zu unserer bewußten Weiterentwicklung.

Alles, was sich dem Gesetz des Ganz-Seins oder Heil-Seins widersetzt, ist auf die Dauer nicht lebensfähig und wird sich umformen müssen. Es wird in einer Weise und an den Ort transformiert, wie und wo es gebraucht wird. Denn Gott, die Quelle allen Lebens, liebt die Fülle.

In der Liebe zu Gott und dem göttlichen Aspekt in uns erleben wir, wie wir im Verschmelzen unseres persönlichen Bewußtseins mit dem universellen Bewußtsein wieder aus der Quelle allen Seins schöpfen können.

Bei Reiki-Anwendungen fließt universelle Lebensenergie, das heißt Lichtkraft. Ob diese Kraft im Einzelfall einen ganzheitlichen Bewußtwerdungsprozeß fördert, ob sie eine psychosomatische Harmonisierung einleitet oder ob sie auch hilft, körperliche Krankheiten zu heilen, läßt sich nicht voraussagen und schon gar nicht vom Reiki-Anwender oder -Empfänger »bestimmen«. Reiki wirkt nach meiner Erfahrung eben nicht wie ein allopathisches Medikament, bei dem man im Regelfall die äußere Wirkung »vorausberechnen« kann. Deshalb halte ich es auch für unrichtig und unverantwortlich, bei Menschen falsche Hoffnungen auf Heilung durch bestimmte Reiki-Anwendungen, Handpositionen oder Verfahren zu wecken, die dann oft nicht eingelöst werden können.

Mit Reiki kann man Krankheiten nicht »wegnehmen«, sondern helfen, daß Menschen mit sich ins reine kommen und ihr Leben meistern, auch sogenannte Krankheiten.

Reiki hilft meiner Ansicht und Erfahrung nach bei der ganzheitlichen Heilung und Bewußtwerdung des Menschen von innen heraus. Der Mensch wird wacher, sieht Zusammenhänge, erkennt eigenes Verhalten und möglicherweise auch Fehlverhalten, er erfaßt psychosomatische und spirituelle Einstellungen und Muster und deren Wirkungen für sein Leben. Daraus erwächst dann auch die Chance zum Verschwinden der Krankheitssymptome und zur körperlichen Gesundung. Das kann man aber nicht versprechen und schon gar nicht »machen«. Für mich gilt als oberste Einsicht der folgende schöne Spruch aus dem Vaterunser:

»Herr, Dein Wille geschehe,
wie im Himmel, so auf Erden.«

Natürlich habe ich auch zahlreiche nicht nur innerliche, sondern auch äußerliche Heilungen miterleben dürfen. Vor allem dann, wenn der Mensch durch die Reiki-Anwendung bewußter wurde, konnte die Lichtkraft ihm helfen, heil zu werden.

»Nur die Bewußtseinsfähigkeit des Menschen macht ihn zum Menschen.«
C. G. Jung

Bei der Reiki-Anwendung erfolgt der Kontakt mit der universellen Lebensenergie immer, indem wir unsere Hände auflegen – auf uns selbst, auf andere Menschen, aber auch auf Tiere, Pflanzen oder andere Dinge der Schöpfung. Die Lichtkraft strömt in den Reiki-Anwender ein und fließt durch ihn hindurch in seine Hände. Von dort strahlt er diese Energie aus und übermittelt sie. Deshalb sage ich gern: Reiki-Hände sind Licht-Hände!

Wie die Öffnung für die Reiki-Kraft erfolgt, wie man sie weiterleitet und welche kraftverstärkenden Symbole dabei helfen, auch bei Fernanwendungen, ist Teil des Wissens, das in der Ausbildung zu den verschiedenen Graden vermittelt wird.

3

Der Reiki-Aufbau nach den beiden großen Lehrsystemen

Unterschiede sind Reichtümer,
Anlaß zum Nachdenken,
Gelegenheiten zu wachsen.

Die Reiki Alliance und die T.R.T.A.I.

Da beide Reiki-Meister/Lehrer, die das Erbe von Hawayo Takata antraten – Phyllis Lei Furomoto und Barbara Ray –, in ihrer Persönlichkeit, ihrem Wesen und ihrer Ausstrahlung sehr verschieden sind, haben beide jeweils jene Menschen angezogen, die ihrem eigenen Naturell, ihrer Entwicklung und ihren Bedürfnissen am nächsten stehen.

Wenn ein Mensch die Reiki-Kraft sucht, wird er wie von selbst zu dem Reiki-Lehrer gelenkt, der für ihn auf seinem persönlichen Weg zu diesem Zeitpunkt die richtigen Impulse setzen wird. Insofern ist es nicht notwendig, Systeme zu bewerten, weil jeder wahrhaft und praktisch Interessierte »seinen« Lehrer finden wird.

Das wichtigste Anliegen eines echten Reiki-Lehrers kann nur sein, einen Anstoß zu geben und den Reiki-Schüler auf dessen Weg ins Licht ein Stück weit zu begleiten, so lange, bis dieser selbständig und eigenverantwortlich sein wahres Selbst erkennt, annimmt und

51

lebt. Wir alle streben zum Licht, und doch muß jeder von uns seinen Weg selbst gehen.

Das Reiki-System nach der Reiki Alliance von Phyllis Lei Furumoto stellt vor allem die spirituelle Bildung der Persönlichkeit, die Entfaltung der Herzensqualität und den Bewußtwerdungsprozeß des Menschen in den Mittelpunkt. Meiner Einschätzung nach werden in diesem System die Traditionen östlicher Lehren und die Vermittlung von Wissen und Weisheit nach dort üblichen Weisen sehr gepflegt.

Reiki-Behandlungen nach dieser Methode erfolgen bei Fremdbehandlung durch zwanzig Handpositionen. Dabei ist das Ziel, möglichst viele Körperzonen zu erreichen (sieben Kopfpositionen, fünf Frontpositionen, acht Rückenpositionen).

In einer Broschüre der Reiki Alliance wird deren Entstehung beschrieben. Dort heißt es:

Im Frühling des Jahres 1982 traf sich eine Gruppe von Reiki-Meistern mit Phyllis Furumoto in Hawaii, um das Andenken von Hawayo Takata zu ehren und ihre Erfahrungen als Meister auszutauschen. Die Kraft, die sie bei ihrem Zusammensein spürten, ließ den Wunsch aufkommen, sich jährlich zu treffen. Das Ergebnis des zweiten Treffens war die Gründung von »The Reiki Alliance«. Die Absicht der Reiki Alliance kommt in einer Erklärung der

Meister, die während dieses Treffens formuliert und an-
genommen wurde, zum Ausdruck:
* Wir sind ein Zusammenschluß von Reiki-Meistern.
* Wir betrachten alle Meister in der Einheit von Reiki als
  ebenbürtig.
* Wir erkennen Phyllis Lei Furumoto als den Großmeister
  in direkter spiritueller Linie von Mikao Usui, Chujiro
  Hayashi und Hawayo Takata an.
* Es ist die Zielsetzung des Zusammenschlusses, uns als
  Lehrer des USUI-Systems der natürlichen Heilung zu
  unterstützen.

The Reiki Alliance ist ein Mittelpunkt von Reiki. Ihre
Form entzieht sich einer Festlegung, da sie sich als ein
Ausdruck der Energie versteht, deren Wesen Bewegung
ist.

Im Reiki-System nach T.R.T.A.I. (AIRA)/Dr. Barbara
Ray wird besonderer Wert darauf gelegt, Reiki als wissenschaftliche Methode und als »Technik« zu verstehen
und anzuwenden, um dem Körper in einer systemati-
sierten Behandlungsweise universelle Lebensenergie
zuzuführen. Barbara Ray bezeichnet in ihrem 1992 in
der zweiten Auflage auf deutsch erschienenen Grund-
lagenbuch *Der Reiki-Faktor* ihr System noch mit »Reiki«.
Inzwischen definiert sie das von ihr gelehrte System als
»The Radiance Technique«. Barbara Ray schreibt über
sich:
Ich empfing Ende 1979 von Hawayo Takata, dem einzi-

gen Menschen in der westlichen Welt, der dieses Wissen hatte, vollständige Instruktionen über alle sieben Grade von Reiki und alle sieben Stufen der Einstimmung, die das authentische System von Dr. Usui ausmachen.

Sie lehrte innerhalb der AIRA anfangs jedoch nur bis zum dritten Grad.

Reiki-Behandlungen erfolgen mit zwölf Handpositionen, die hauptsächlich Energiezonen beziehungsweise Chakrapositionen ansprechen (vier Kopfpositionen, vier Frontpositionen und vier Rückenpositionen).

Ich persönlich gehe übrigens davon aus, daß man die jeweiligen Handpositionen eher intuitiv als streng schematisch finden sollte. Spezifische Positionen bei bestimmten Krankheiten festzulegen ist nicht ohne weiteres nachvollziehbar und erscheint mir nicht immer sinnvoll, denn das hieße ja, wiederum mechanistisch – wie die allopathische Medizin – vorzugehen in dem Sinne: »Wenn ich das mache, erhalte ich diese Wirkung.« So »funktioniert« die Reiki-Kraft jedoch meiner Erfahrung nach nicht. Vielmehr sucht sie sich ganz von selbst ihren natürlichen Weg dorthin, wo sie am dringendsten gebraucht wird.

Es kommt dabei mehr auf die innere Einstellung, auf die Öffnung für höhere Ebenen unseres Seins, auf die Durchlässigkeit für die göttliche Kraft von Licht und Liebe an als auf technische Einzelheiten und schematische Methoden. Die heilsame Kraft aus der Quelle der

Ganzheit wirkt nach ihrer eigenen, höheren Intelligenz und Weisheit.

Im Reiki-System nach T.R.T.A.I. (AIRA) von Dr. Barbara Ray geht man von sieben Energie- oder Bewußtseinsebenen aus.

Die niedrigste ist die physisch-materielle Ebene. Danach kommt die emotionale oder Astralebene. Als dritte folgt die Mentalebene, die sich in die Verstandesebene des konkreten Denkens und die höhere Mentalebene der Intuition gliedert. Auf der vierten Ebene entfaltet sich das höhere Bewußtsein, auf der fünften Ebene das transzendente Bewußtsein. Auf der sechsten Ebene kommt es zum spirituellen Erwachen; auf der siebten Ebene, der kosmischen Ebene, strahlt das Licht des universalen Bewußtseins.

Übersicht: Die beiden großen Reiki-Systeme im Vergleich

Der folgende Vergleich spiegelt meine persönlichen Ansichten und Einschätzungen wider – auf der Grundlage meiner Ausbildung durch vier Meister/Lehrer beider Systeme. Diese Gegenüberstellungen sollten nicht etwa als »offizielle« Darstellungen mißverstanden werden. Die Aufstellung möchte dem Reiki-Interessierten als wertneutrale Übersicht dienen.

Reiki Alliance

Name   Die »Reiki Alliance« bezeichnet ihr Reiki-
            System als »Reiki – Das Usui-System der natürli-
            chen Heilung« (im Original »Reiki – Usui Shiki
            Ryoho«). Es gibt zahlreiche »freie Reiki-Mei-
            ster/Lehrer«, die sich auch ohne offizielle Mit-
            gliedschaft in der Reiki Alliance an deren Sy-
            stem anlehnen.

Ursprung   Dr. Mikao Usui
            Dr. Chujiro Hayashi
            Hawayo Takata
            Phyllis Lei Furumoto

Grade   1. Reiki-Grad
            2. Reiki-Grad
            3. Reiki Grad: Meister- und Lehrer-Grad

T.R.T.A.I.

Name
»The Radiance Technique Association International«, abgekürzt T.R.T.A.I., bezeichnet ihr Reiki-System als »The Radiance Technique«. Bis vor kurzem hieß diese Organisation »AIRA«, »American International Reiki Association«. Auch hier finden sich etliche »freie« Reiki-Meister, die sich an dieses System anlehnen.

Ursprung
Dr. Mikao Usui
Dr. Chujiro Hayashi
Hawayo Takata
Barbara Ray, Ph. D.

Grade
1. Reiki-Grad: Grundkurs.
2. Reiki-Grad: Aufbaukurs.
3. Reiki-Grad: Radiance 3. Grad,
danach 3 A Meister-Grad, 3 B Lehrer-Grad
4. Reiki-Grad: Stärkung der Herzensqualität
5. Reiki-Grad:
5 A für die weiterführende innere Meisterschaft,
5 B befähigt zur Ausbildung von Meistern und Lehrern des 3. Grads nach T.R.T.A.I.
6. Reiki-Grad: mir unbekannt.
7. Reiki-Grad: 7 A, 7 B; mir unbekannt.
A bezeichnet in diesem System jeweils die innere Meisterschaft, B die äußere Lehrer schaft mit der Befähigung, vollständige Einstimmungen vornehmen zu können.

Reiki Alliance

Symbole   1. Reiki-Grad: keine Symbole.
2. Reiki-Grad: drei Symbole (ein Kraftsymbol,
ein Raum-Zeit-Symbol, ein Mentalsymbol), andere Reihenfolge der Symbole für Fern-Reiki
als bei T.R.T.A.I., eine einzige Einstimmung.
3. Grad: ein Meistersymbol (dessen Gestalt
sich von dem bei T.R.T.A.I. leicht unterscheidet), eine einzige Einweihung.

Dauer   1. Grad: Einweihung meistens im Rahmen
eines zwei- bis dreitägigen Kursus; im Durchschnitt mindestens etwa vier bis sechs Wochen Praxis und Integration des 1. Grads sowie Selbstprüfung vor Anmeldung zum 2.
Grad.

T.R.T.A.I.

Symbole
1. Reiki-Grad: kein Symbol.
2. Reiki-Grad: drei Symbole (ein kraftverstärkendes Symbol, ein Raum und Zeit überwindendes Symbol und ein »Wächter«- beziehungsweise Schutzsymbol), andere Reihenfolge der Symbole für Fern-Reiki als bei Reiki Alliance, eine einzige Einweihung.
3. Grad: ein Meistersymbol (dessen Gestalt sich von dem bei Reiki Alliance unterscheidet), eine einzige Einstimmung; zusätzlich Erlernen einer universellen Einstimmung (»universal attunement«), um sich selbst oder andere immer wieder neu auf die Lichtenergie einzustimmen. Der 3. Grad ist dreifach unterteilt: Radiance 3. Grad: Meistereinstimmung; 3 A Meister-Grad: Meistereinstimmung mit Meistersymbol; 3 B Lehrer-Grad: Meistereinstimmung und Erlernen der Einstimmungstechniken für die Ausbildung zum 1. und 2. Grad.
4. Grad: ein weiteres Symbol und eine Einstimmung in den 4. Grad.
5. Grad bis 7. Grad: der Autorin nicht aus eigener Anschauung bekannt.

Dauer
1. Grad: Einstimmung meistens im Rahmen eines zwei- bis dreitägigen Kursus; Anmeldung zum 2. Grad oft unmittelbar danach.
2. Grad: Einstimmung meistens während eines zweitägigen Kursus; oft nur ein Jahr Praxis oder weniger zur Integration des 2. Grads sowie Bewußtseinsentwicklung und Selbstprüfung vor Anmeldung zum 3. Grad.

Reiki Alliance

2. Grad: Einweihung meistens während eines zweitägigen Kursus; im Durchschnitt einige Jahre Praxis und Integration des 2. Grads sowie Bewußtseinsentwicklung und Selbstprüfung vor Anmeldung zum 3. Grad.
3. Grad: meistens eine circa einjährige Ausbildung bei einem autorisierten Reiki-Lehrer der eigenen Wahl, die Einweihung findet meistens am Ende der Ausbildung im Rahmen eines etwa einwöchigen Intensivseminars statt.

Kosten

1. Grad: ca. 330–400 Mark.
2. Grad: ca. 1200 (bei »Freien« meist weniger, etwa 700–1000 Mark).
3. Grad: ca. 15 000 US-Dollar (bei »Freien« deutlich weniger, etwa 10 000–15 000 Mark, eventuell auch getrennt nach 3 A = Meister mit ca. 3000–4500 Mark und 3 B = Lehrer mit circa 7000–11 000 Mark).

Ausbildung

Von der Reiki Alliance ausgebildete und autorisierte Meister/Lehrer dürfen selbst wiederum andere Reiki-Meister/Lehrer im 3. Grad ausbilden.

T.R.T.A.I.

3. Grad: Einstimmungen in drei Abschnitten (siehe auch unter Stichwort Symbole oben), zusammen etwa zwei Wochen; Anmeldung zum 4. Grad ist unmittelbar danach möglich, aber nicht immer sinnvoll.
4. Grad: Einstimmung innerhalb eines zweitägigen Kursus.
5. Grad bis 7. Grad: nach persönlicher Abstimmung mit Dr. Barbara Ray. Derzeit gibt es im deutschsprachigen Raum keinen Lehrer des 5. Grads, der von der T.R.T.A.I. offiziell autorisiert ist.

Kosten
1. Grad: circa 390 Mark.
2. Grad: circa 950 bis 1000 Mark.
3. Grad: circa 2000 US-Dollar;
   3 A = Meister: circa 5000 US-Dollar;
   3 B = Lehrer: circa 5000 US-Dollar.
4. Grad: circa 2500 US-Dollar.
5. Grad: circa 2000 US-Dollar.
6. und 7. Grad: nicht bekannt.
(»Freie« Reiki-Meister dieser Richtung verlangen oft deutlich weniger.)

Ausbildung
Von der T.R.T.A.I. ausgebildete Radiance-Lehrer des 3. Grads (»3 B«) dürfen Schüler des 1. und 2. Grads einstimmen und ausbilden. Lehrer des 5. Grads (»5 B«) dürfen bis zum 4. Grad einstimmen und ausbilden. Lehrer des 7. Grads stimmen auf alle Grade ein und bilden darin aus.

Reiki Alliance

Ausrichtung   Starke Orientierung an den ersten japanischen
              Großmeistern und deren Traditionen und Wur-
              zeln im japanischen Kulturraum; Reiki wird vor
              allem als System und Hilfe zur Bewußtwerdung
              und Selbsterkenntnis betrachtet und ange-
              wendet;
              die Entfaltung von Herzensgüte, Herzensliebe
              und Herzenswärme wird besonders gefördert.

Verbreitung   Die Reiki Alliance ist im deutschsprachigen
              Raum derzeit am bekanntesten und am weite-
              sten verbreitet, sowohl durch offizielle Vertreter
              als auch durch »freie« Meister und Lehrer, die
              sich an dieses System anlehnen.

Einige ehemalige Mitglieder der AIRA treten als »freie«
Meister und Lehrer auf. Dr. Barbara Ray schreibt dazu
unter anderem in *The Expanded Reference Manual of the
Radiance Technique:*

»Es gibt auch manche, die nicht mehr länger von der
A.I.R.A. zertifiziert sind, die nicht mehr länger die Fähigkeit haben, die Grade zu aktivieren.«

Offen scheint, ob dies tatsächlich so ist, oder ob es sich
hier um eine prophylaktische Feststellung handelt, mit
der die Integrität der T.R.T.A.I./AIRA bewahrt werden
soll.

T.R.T.A.I.

Ausrichtung	Reiki wird als »eine wissenschaftliche Methode« bezeichnet, mit der »Radiance-Technik« wird dem »Körper in einer systematischen Behandlung natürliche Lebensenergie« zugeführt; dieser Vorgang erfolgt in zwölf konkreten Behandlungsschritten.
Verbreitung	Die T.R.T.A.I. (früher »AIRA«) ist im deutschsprachigen Raum bislang nicht so stark vertreten wie die Reiki Alliance. Es gibt mehr Menschen, welche das »innere Wissen« im Rahmen der »A-Linie« erworben haben, als solche, die dies auch nach außen im Rahmen der »B-Linie« lehren.

Nach meinen subjektiven, rein persönlichen Erfahrungen scheint es mir, daß im System der Reiki Alliance mehr Wert auf die Entfaltung des Bewußtseins, auf die Bewußtwerdung des menschlichen Potentials gelegt wird. Dabei steht die Entwicklung der Herzensqualitäten und der Herzenswärme im Mittelpunkt. So spüre ich in der Arbeit dieser Menschen eine besondere Bemühung um mitmenschliche Geborgenheit und gegenseitige Annahme.

In den Lehren nach der T.R.T.A.I./AIRA scheint mir der Schwerpunkt auf dem Erlernen der Technik und der

Symbole sowie auf der korrekten Anwendung dieser Energietechnik aus einer gewissen nüchternen Distanz zu liegen. Bei der Übermittlung von Reiki sind diese Menschen nach meiner Empfindung in der Überzeugung der Wirksamkeit der Technik vor allem auf die Symbole eingestellt; der Alltag und die seelischen Bedürfnisse der Empfänger erfahren, soweit ich es wahrnehmen kann, weniger Zuwendung.

Bei den Einstimmungen nach dem T.R.T.A.I.-System hatte ich weniger weitreichende Erfahrungen; das kann jedoch durchaus daran liegen, daß ich ja bereits, wenn auch nach einem anderen System, eingestimmt war. Allerdings spüre ich nach der Ausbildung nach diesem zweiten System einen stärkeren Energiefluß sowohl in meinem täglichen Leben als auch in der Reiki-Arbeit. Ob das am »anderen« System liegt oder ob die zweifache Einstimmung mich noch mehr geöffnet hat, oder ob es daran liegt, daß ich in meiner therapeutischen Arbeit sehr viel mit der Lichtenergie arbeite, muß ich offenlassen. Meine persönliche Erfahrung ist natürlich subjektiv – für andere Menschen gelten vielleicht andere Einschätzungen. Jede Arbeit mit und in der universellen Lebenskraft, die sich kontinuierlich über eine längere Zeitspanne erstreckt, wird meistens zu einer Intensivierung unseres Energiepotentials beziehungsweise unserer Durchlässigkeit und Übermittlungsfähigkeit führen.

Helen J. Haberly beschreibt den Unterschied zwischen den beiden Systemen in ihrem Büchlein *Reiki – Die Geschichte von Hawayo Takata:*

Der Strom des Reiki, der in Frau Takata ein einziger Kanal gewesen war, floß jetzt in zwei Hauptströmungen. Die in der Reiki Alliance verbundenen Meister ziehen Schüler und Schülerinnen an, die diese Heilkunst gleichzeitig für ihr bewußtes, spirituelles Wachstum benutzen.

Barbara Ray gründete den Amerikanischen Internationalen Reiki-Verband (AIRA), der ein mehr westliches Bild von Reiki entwarf. Die Ziele der Gruppe umfassen . . . die Errichtung von Normen für Praktizierende und Meister . . . Einige Meister arbeiten unabhängig . . .

Nach Frau Haberly arbeitet Reiki als eigenständige Energie nur auf zwei verschiedenen Weisen daran, sich selbst in der Welt zu verwirklichen.

Mir ist aufgefallen, daß sich beide Energiesysteme offenbar nicht ohne weiteres miteinander »mischen« lassen. Ich habe einige Reiki-Schüler kennengelernt, die in einem System die Einstimmung für den 1. Grad erhalten hatten und sich für den 2. Grad nach dem anderen System einweisen lassen wollten, beziehungsweise solche, die den 1. und 2. Grad bei dem einen System und den 3. Grad bei dem anderen erlangen wollten. Dies führte dem subjektiven Erleben nach bei diesen Menschen zu einer gewissen Disharmonie und einem inneren energetischen Ungleichgewicht. Deshalb empfehle ich, nach einem etwaigen Wechsel vom einen zum anderen System oder von einem zum anderen Lehrer, im neuen System die Einstimmungen von Anfang an, also vom 1. Grad aufwärts, noch einmal vornehmen zu lassen.

Ich weiß, daß manche Diskussionen darüber geführt werden, welches System denn nun »authentisch« und »vollständig« sei. Nach meiner Erfahrung »funktionieren« beide Systeme. Es scheint mir am wichtigsten, daß jeder einzelne in sich selbst hineinspürt, welcher Weg für ihn gangbar ist. Es geht nicht um die Entscheidung für oder gegen eine »Technik« oder eine »Organisation«, sondern letztlich immer um eine Entscheidung **für** die universelle Lebenskraft, das heißt **für** die Lichtenergie.

Statt euch einer Form anzupassen,
wie schön sie auch immer sein mag,
laßt lieber die Worte eures Herzens sprechen.

Meurois-Givaudan, *Geist der Sonne*

4
Heikle Themen?

Du möchtest die Welt bessern?
Ich glaube nicht, daß das gelingen kann.

Reiki und Geld

An dieser Stelle scheint es mir wichtig, noch einige Gedanken zum Thema Geld im allgemeinen und in bezug auf Heilungsvorgänge und Bewußtseinserweiterung sowie zum Thema Geld und Reiki ganz speziell zu äußern.

Geld ist eine Form kondensierter Energie, die der Wertbezeichnung und dem Austausch von Waren und Dienstleistungen dient. Therapeuten wenden Zeit für ihre Aus- und Weiterbildung auf, sie unterhalten eine Praxis, reisen zu Seminaren und so weiter, und natürlich widmen sie ihren Klienten Zeit für die persönliche Einweisung, Beratung bzw. Behandlung. Wir haben es hier mit einem ganz natürlichen Austausch von Geben und Nehmen, von Nehmen und Geben zu tun. Der Klient oder Patient muß – wir sagen ausdrücklich »muß«! – von sich aus Energie einbringen, um zu gesunden, sich weiterzuentwickeln, um auch einen karmischen Ausgleich möglich zu machen. Die Energie des Klienten oder Patienten drückt sich in seiner Zeit, seiner bewußten Zuwendung zum Erfolg und einem angemessenen Teil des von ihm verdienten Geldes aus.

Es ist keine Frage, daß Reiki-Lehrer auch mit Reiki ihren Lebensunterhalt verdienen dürfen. Aber Reiki sollte andererseits nicht zum Mittel werden, um sich mit überhöhten Preisen ungerechtfertigt zu bereichern.

Welche Geldleistung ist nun für welchen Reiki-Grad angemessen? Das ist eine manchmal heißumstrittene Frage. Ich meine, daß Geben und Nehmen in einem vernünftigen Gleichgewicht stehen sollten, daß die »Leistung« der Übermittlung von Reiki preiswert, also ihren Preis wert sein sollte. Ich bin weder für überhöhte Forderungen noch für Billigpreise. Man mag auch prüfen, inwiefern neben der Übermittlung der Einstimmungen und Informationen des jeweiligen Grades der Reiki-Lehrer auch danach für persönliche (natürlich kostenlose) Beratungsgespräche zur Verfügung steht und ob man den einmal bezahlten Kurs auch wiederholen kann – ebenfalls kostenlos. So zumindest handhaben wir es im Reiki-Zentrum Allgäu. Dort hängen alle Preise für alle Kurse und Leistungen übrigens gut sichtbar im Eingangsbereich aus.

Es gibt immer wieder Menschen, die ein aufrichtiges Interesse an Reiki spüren, aber selbst kein Geld im Energieaustausch anbieten können, weil sie Schüler, Studenten, Wehr- oder Ersatzdienstleistende, Hausfrauen, Rentner oder Arbeitslose sind. In solchen Fällen findet der Austausch von Geben und Nehmen in meiner persönlichen Reiki-Praxis nicht über das Medium Geld statt, sondern über den Austausch in Form von Dienstleistungen. Junge Burschen ohne Bargeld malern das Zentrum, eine getrennt von ihrem Mann lebende Frau hütet ab und zu mein Kind, Rentnerinnen schneidern und nähen Gardinen und anderes für das Reiki-Zentrum, andere Menschen machen Besorgungen und so fort.

Neueinstimmungen in ein anderes System in Grade, die der Schüler bereits im bisherigen System erlangt hatte, sollten meiner Ansicht nach beim Wechsel in das neue System nur mit einem Betrag entgolten werden müssen, der einer Art Schutzgebühr gleichkommt, den die Schüler vielleicht sogar selbst bestimmen, nachdem sie erfahren haben, was das neue System ihnen wirklich wert ist.

Reiki und Religion

Reiki ist kein Glauben und keine Religion, wie etwa das Christentum, das Judentum, der Islam, der Hinduismus oder der Buddhismus.

Reiki ist nach der Reiki Alliance das »Usui-System der natürlichen Heilung«. In den Worten von Barbara Ray ist Reiki »eine Wissenschaft« bzw. eine »wissenschaftliche Methode«, bei der dem Menschen und seinem Körper und Organismus »natürliche Lebensenergie« zugeführt wird. Hawayo Takata bezeichnete laut Helen J. Haberly Reiki als intuitive Kunst, nicht als rigides System. Diese Kunst steigert die Vitalität und damit die körperliche und geistige Gesundheit und bereichert die spirituelle Bewußtheit.

Wer sich in Reiki einstimmen läßt, erfährt eine Verbindung zu seiner schöpferischen Lebenskraft. Es wird ihm aber weder ein »östliches« noch ein »westliches«, weder ein »buddhistisches« noch sonst ein »religiöses« Glaubenssystem angeboten oder gar aufgedrängt – ganz einfach deshalb, weil es das bei Reiki gar nicht gibt. Auch im Hintergrund existiert ein solcher religiöser Rahmen nicht, obwohl manche außenstehende Beobachter dies vielleicht vermuten.

Reiki steht nicht im Gegensatz oder Widerspruch zu irgendeiner Glaubensform, auch und vor allem nicht zur christlichen. Erinnern wir uns daran, daß Dr. Usui selbst zeitweise Direktor einer christlichen Missionsschule in Kyoto war, an der er laut Helen J. Haberly auch als christlicher Geistlicher wirkte, und daß er in Chicago seine christlich-theologischen Studien noch vertiefte. David G. Jarrell, der schon einmal zitierte vierundzwanzigste Reiki-Meister, ist zum Beispiel Gründer und erster Pastor einer konfessionell nicht gebundenen christlichen Kirche, die »den Gesetzen des Natürlichen Heilens und den Lehren von Jesus, dem Christus« gewidmet ist.

Manchmal meinen Menschen aus christlichen Glaubensrichtungen, daß Reiki-Lehrer und Reiki-Meister Reiki selbst oder die Reiki-Energie als »Gott« ansähen oder gar anstatt eines Gottes als solchen verehrten. Dem ist natürlich nicht so.

Reiki oder die Reiki-Energie hat, falls man überhaupt einen Bezug zum christlichen Religionsbild der Heiligen Dreifaltigkeit herstellen möchte (mit dem allumfassenden Gottvater, dem Erlösersohn Christus, der sich im historischen Jesus von Nazareth offenbarte, und dem Heiligen Geist als drittem Aspekt der fließenden Gotteskraft), eher etwas mit dem »Heiligen Geist« oder den fließenden schöpferischen Kräften oder der Kontaktaufnahme zum Göttlichen zu tun, als etwa mit einem »Gottes-Ersatz« oder einem »Christus-Ersatz«. Aus diesen Zeilen möge man aber bitte nicht den voreiligen und falschen Schluß ziehen, daß die Autoren Reiki und Reiki-Energie mit dem Heiligen Geist identifizieren oder gleichsetzen! Es geht bei diesem Vergleich nur um einen Versuch, den vielleicht angemessensten Bezug zwischen Reiki und einer christlichen Sicht der Schöpfung herzustellen, ohne daß damit behauptet würde, daß dieser Bezug grundsätzlich zulässig wäre.

Es ist eine Tatsache, daß Jesus Christus geheilt hat, daß er sogenannte Wunderheilungen vollbracht hat. Tatsache ist auch, daß an etlichen christlichen Wallfahrtsorten, zum Beispiel Lourdes, Fatima, Medjugorje und Chimayo, auch heute noch echte »Wunderheilungen« stattfinden. Auch von Buddha und manch anderen religiösen Führern und Mystikern werden »Wunderheilungen« berichtet. In diesem Zusammenhang erhebt sich die Frage, ob solche Heilungen allein aus dem Glauben, aus dem inbrünstigen Heilungswunsch, aus der vollständigen Hingabe an eine höhere Macht erfolgen, oder ob sie auch etwas mit einer überpersönlichen, heilenden, schöpferischen Kraft zu tun haben. Vielleicht bedarf es auch einer Verbindung von beidem.

Wie wollen wir die Kraft, die bei solchen Heilungen wirkt, nennen? Wie wollen wir die Kraft, die Menschen nicht nur körperlich gesunden und heil werden (»Heilige« sind heile, ganze Menschen!), sondern auch seelisch erblühen läßt, bezeichnen? Welchen Namen soll ein sich entfaltendes, für Liebe sich öffnendes Bewußtsein erhalten? Welchen Begriff soll man für die schöpferische Kraft, die universelle »Energie« wählen, die in jedem Menschen, in jeder Seele, in jedem Tier und sogar in den Pflanzen, ja, in der ganzen Schöpfung wirkt? Schöpferkraft? Gotteskraft?

Den auf allen Ebenen unseres Seins heilenden Aspekt dieser Allkraft, der ohne technische Mittel und ohne materielle Medikamente wirkt, nennt man in den Systemen, die auf den Entdeckungen von Dr. Usui aufbauen, Reiki.

Die Anwendung von Reiki bedeutet nicht, daß der gebende und/oder der empfangende Mensch ein persönliches Gottesbild, wie es im Christentum und in anderen Religionen gelehrt wird, ablehnt oder annimmt. Die Anwendung von Reiki bedeutet auch nicht, daß der gebende und/oder der empfangende Mensch ein unpersönliches Gottesbild annimmt oder ablehnt. Reiki fordert weder dazu auf, an Gott zu glauben, noch dazu, nicht an ihn zu glauben.

Reiki nimmt zu dieser ganz persönlichen Weltsicht, zu diesen Glaubens- und Religionsfragen keinerlei Stellung.

Daraus ergibt sich, daß Reiki auch keine »Sekte« bildet, also weder die Absplitterung einer großen Religion noch eine Form eines neuen »Kultes« darstellt. Im Reiki wird der freie Wille des Menschen unangetastet gelassen, es gibt keine »Anwesenheitspflicht«, es gibt kein »Dogma« (was sich schon aus der Freiheit der Selbstorganisation der freien Reiki-Lehrer ablesen läßt), es gibt keine disziplinarische Hierarchie und keine hierarchischen Weisungsbefugnisse.

Reiki und Religion schließen sich also weder gegenseitig aus, noch stehen sie in »Konkurrenz« zueinander.

5

Reiki ist einfach, ganz und weise

Öffne mir die Augen,
daß ich sehe
die Wunder
in deiner Schöpfung.

Grundlagen der Reiki-Behandlung

Reiki ist einfach

Wenn wir die Hände bei uns oder anderen in dem
Bewußtsein auflegen, Reiki zu spenden, fließt universelle Licht- und Lebensenergie an den Ort und in der
Stärke, wie es für den Empfänger in seiner gegenwärtigen Situation und Verfassung aus überpersönlicher
Sicht optimal ist.

Die nachfolgend erläuterten Handpositionen sind
nur Hilfestellungen für den Anwender und nicht unbedingt ausschlaggebend für den Erfolg der Anwendung.

Wenn Sie in einen Gartenteich mit Stellen unterschiedlicher Tiefe Wasser einfüllen wollen, ist es nicht
entscheidend, daß Sie den Wasserschlauch möglichst
nahe an die tiefste Stelle legen: Das Wasser findet seinen
Weg überall hin aus eigener Weisheit.

Reiki ist ganz

Praktizierende der Grundstufe strahlen Reiki-Energie
aus, die bereits alle Qualitäten der universellen Lebens-

energie in sich vereint. Erworbene Fähigkeiten der Oberstufe oder weiterer Seminare ändern nichts an der Qualität der Energie. Denn die Energie ist in sich ganzheitlich und kann daher weder in Teilen noch in unterschiedlicher Qualität weitergegeben werden.

Reiki ist weise

Kennen Sie den vollständigen Bauplan eines einzigen Lebewesens, alle inneren und äußeren Vorgänge und Zusammenhänge? Ich nicht! Die universelle Lebensenergie kennt sie jedoch alle, denn sie ist die Vorlage für jedes Wesen und die Energie, die das »Lebe-Wesen« von seiner toten Hülle unterscheidet.

Daher können Sie es getrost der Reiki-Energie überlassen, unbeeinflußt von Ihren Wünschen und Vorstellungen zu wirken. Deshalb sind Sie auch nicht für das Ergebnis Ihrer Anwendung verantwortlich, denn Sie sind nur Übermittler der universellen Lebensenergie. Daraus folgt auch, daß Sie die Lebensenergie nicht mißbrauchen können, unabhängig davon, ob Sie dies aus wohlmeinendem oder eigennützigem Antrieb wünschen mögen: die universelle Lebensenergie selbst ist der Plan des Lebens und kann nicht gegen sich selbst wirken.

> Der Weise wirkt, ohne etwas zu tun . . .
> Wenn sein Werk getan ist, vergißt er es –
> deshalb ist es von Dauer.
>
> Tao Te King

Reiki im 1. Grad

Wir erhalten vier Energieeinstimmungen (siehe auch Seite 187), die uns dauerhaft mit der Lichtkraft verbinden.

Dabei erfahren wir, wie wir für Reiki durchlässig werden und diese Kraft über die Hände ausstrahlen können. Wir erhalten außerdem die Anleitung, wie man Reiki zur Selbst- und zur Fremdbehandlung anwendet, und führen erste praktische Übungen durch. In den Kursen des Reiki-Zentrums Allgäu bieten wir auch das Erlernen des »siebenarmigen Leuchters« und die »Schnellbehandlung« an. (Die entsprechenden Handpositionen finden Sie ab Seite 107.)

Unsere Schwingungsebene erhöht sich, wir erfahren mitunter auch deutliche Selbstheilungs- und Reinigungsreaktionen (zum Beispiel in den Ausscheidungsprozessen von Haut, Nieren und Darm).

Ich empfehle, nach der Einstimmung zum 1. Grad an drei aufeinanderfolgenden Tagen eine Reiki-Vollbehandlung durchzuführen, um das gesamte Energiesystem des Menschen auszugleichen und um Reiki auf der Ursachenebene wirken zu lassen.

Am Ende des Seminars zum 1. Reiki-Grad spüren viele Teilnehmer bereits, daß Reiki-Hände Lichthände sind.

Reiki im 1. Grad

Dauerhafte Verbindung
mit der universellen Lebensenergie
Anregung der Selbstheilungskräfte
Erlernen der Eigen- und Fremdbehandlung

Reiki im 2. Grad

Die vier Einstimmungen in Reiki im 1. Grad verbinden uns mit der universellen Lebensenergie. Der Reiki-Meister/Lehrer stimmt im Verlauf dieser »Energieübertragungen« den Reiki-Schüler auf die universelle Lebensenergie ein. Wir lernen, wie wir über unsere Hände uns selbst und anderen Menschen Reiki, die Lichtkraft, geben können.

Da diese Einstimmungen auch mit »Reinigungsreaktionen« einhergehen können und da es eine gewisse Zeit dauert, bis wir auf den mentalen, emotionalen und physischen Ebenen durchlässiger, empfindsamer und bewußter werden, empfehle ich, mindestens 21 Tage nach dem 1. Grad zu warten, bevor eine Einstimmung in den 2. Grad erfolgt.

Oft noch besser und sinnvoller ist es, zwei bis drei Monate ganz praktisch mit der Reiki-Kraft zu arbeiten und eigene Erfahrungen damit zu sammeln, unser Leben und das Leben anderer Menschen mit mehr Licht und Liebe zu erfüllen.

Bei Reiki im 2. Grad gibt es eine weitere Einstimmung beziehungsweise Energieübertragung, und wir erhalten drei Symbole sowie deren Namen (man könnte sie auch als »Mantras« bezeichnen). Es handelt sich dabei um eine Art von Einweisung. Die Einstimmungs- bzw. Einweisungsvorgänge selbst sowie die Reiki-Symbole sind heilig und geheimes Wissen, das nur persönlich weitergegeben werden darf. Deshalb können sie nicht Gegenstand der Erörterung in einem Buch sein. Der verantwortliche Umgang mit Reiki ist Teil eines Bewußtwerdungsprozesses, dem wir uns unterziehen sollten, um die Lichtkraft in ihrer vollen Wirkung anwenden zu können. Bevor der Schüler den 2. Reiki-Grad erwirbt, sollte er bereit sein, dieses innere Wissen nicht nach außen zu tragen, es zu schützen und zu pflegen und verantwortlich damit umzugehen.

Der 2. Reiki-Grad bewirkt eine deutlich spürbare Kraftverstärkung – es ist und bleibt jedoch immer dieselbe Kraft, für die wir durchlässig sind und die wir ausstrahlen. Da jeder nach einem 1.-Grad-Kurs seine eigene Schwingungsfrequenz deutlich angehoben hat, haben wir nach dem 2.-Grad-Kurs das Empfinden, daß die Energie uns noch höher und intensiver schwingen läßt. Das macht sich bei der Anwendung über unsere Hände so bemerkbar, daß das Licht nun wie ein starker Strahl aus dem Kraftzentrum in der Handinnenfläche, dem sogenannten Handchakra, strahlt.

Eines der drei Symbole ist ein »Kraftsymbol«, das die Intensität der Reiki-Energie verstärkt. Dieses Symbol wenden wir im Alltag am häufigsten an. Immer, wenn wir es anwenden, manifestiert sich die Reiki-Kraft unmittelbar und schnell wie ein Blitz. Dieses Symbol ist in allen Lebenslagen hilfreich – wenn es zum Beispiel darum geht, einem Menschen oder einer Situation rasch mehr Energie zu senden, einen wirksamen und schnellen Reinigungsvorgang vorzunehmen, niedrigere, »negative« Schwingungen in höhere, »positive« umzuwandeln oder uns selbst durch die Kraft des Lichtes zu schützen.

> Durch die Anwendung des Kraftsymbols innerhalb des Reiki-Systems sind wir in der Lage, die reine, göttliche und ganzheitlich heilsame Kraft des LICHTS verstärkt auszustrahlen.

Was tatsächlich und äußerlich sichtbar »passiert«, wenn wir dieses Symbol anwenden, obliegt allerdings **nicht** uns und unseren Wünschen, Hoffnungen oder Erwartungen, sondern einzig und allein der inneren Intelligenz der Reiki-Kraft. So ist auch dieses Kraftsymbol keineswegs ein »Allheilmittel«, das auf wundersame Weise alle Krankheiten im Nu heilt, alle Probleme umgehend beseitigt und sofortiges umfassendes Glück mit sich bringt.

Vielmehr wirkt die Anwendung dieses Kraftsymbols so, daß die Lichtkraft, die universelle Lebensenergie, zum höchsten Wohle aller Beteiligten stärker fließt und zur Wandlung und Entwicklung auf den jeweils »ansprechbaren« Ebenen von Körper, Geist und Seele beiträgt.

Das Kraftsymbol hilft, daß Verhaltensmuster und Ursachen für Schwierigkeiten auf den Ebenen des Körpers, der Gefühle und des Denkens rascher deutlich werden, so daß sie sich vielleicht auch mit »Reinigungssymptomen« bemerkbar machen. Damit unterstützt dieses Symbol auch unsere Bewußtwerdung in entscheidender Weise. Denn überall, wohin wir Licht strahlen, können wir besser sehen. Das gilt sowohl für einen dunklen Raum in der Wohnung als auch für alle Ebenen unseres Seins.

In psychischen Notsituationen oder bei Unfällen – zum Beispiel bei Verlust des Arbeitsplatzes, bei Problemen in der Partnerschaft oder mit den Kindern, bei Krankheitsfällen, Unglücken oder Sterbefällen, also bei schwer zu verkraftenden, erschütternden Ereignissen und Erlebnissen – nimmt uns die umgehende und oft wiederholte Anwendung dieses Licht- und Kraftsymbols das Gefühl der Ohnmacht und des Ausgeliefertseins und verweist oft auf wunderbare Weise auf neue Hoffnungen und neue Wege.

Das zweite Symbol ist ein universelles »Schutzsymbol«. Dieses Symbol wird auch als »Wächter« bezeichnet. Meiner Ansicht nach schützt es sowohl mich als Geber von Reiki, als auch den Empfänger – auf den emotionalen und mentalen Energieebenen. Es repräsentiert und fördert die Harmonie zwischen den emotionalen und mentalen Ebenen. Dieses Symbol wird oft auch als »Mentalsymbol« bezeichnet, in den USA wird es außerdem als »Symbol for Mental-Emotional Healing« bezeichnet. Man möge sich jedoch davor hüten, falsche Hoffnungen zu wecken – etwa, daß man nun mit diesem Symbol alle Krankheiten sofort heilen könnte. Jede Krankheit hat eine bestimmte Zeit gebraucht, um sich zu manifestieren. So wird es häufig auch eine bestimmte Zeit in Anspruch nehmen, bis wir sie wieder loslassen können.

> Durch die Anwendung
> des Schutzsymbols
> werden psychische Spannungen
> ausgeglichen.

Das dritte Symbol repräsentiert die Überwindung von Raum und Zeit. Es dient vor allem der »Fernbehandlung«, das heißt, daß man die Reiki-Kraft auch Menschen senden kann, die sich nicht am selben Ort befinden wie man selbst. Wir können mit diesem Symbol auch in die persönliche Vergangenheit zurückgehen und Energieblockaden des Emotionalkörpers umwandeln. Mit dem »Raum-Zeit-Symbol« kommunizieren wir auf einer höheren geistigen Ebene des Lichts und des Bewußtseins, jenseits der Ego-Ebene. Das zeigt auch die Übersetzung des japanischen Namens dieses Symbols: »Die Kraft aus dem Ursprung ist die rechtschaffene Einstellung im Herzen.«

Senden wir die Reiki-Kraft über Raum und Zeit hinaus in Situationen, zu Personen, Pflanzen, Tieren oder anderen Dingen der Schöpfung, so entsteht eine Art »Lichtbrücke«.

Eine andere Übersetzung des Symbols heißt auch: »Das Licht in mir ehrt das Licht in dir.« Auch diese Übersetzung zeigt, daß wir uns jenseits der Ego-Ebenen bewegen, wenn wir die Lichtkraft ausstrahlen.

Das Vorgehen bei der Fernbehandlung möchte ich im Rahmen dieses Buches nicht im einzelnen beschreiben. In Reiki-II-Seminaren wird dieses Thema häufig neben anderen behandelt und durch Erfahrungen von Teilnehmern vertieft.

Durch die Anwendung des Raum-Zeit-Symbols
können wir Reiki auch ohne
die physische Anwesenheit des Empfängers
nutzen.

Das »Schutzsymbol« und das »Raum-Zeit-Symbol« werden erst durch die Anwendung des »Kraftsymbols« aktiviert.

Ob die Symbole im Verlauf des Reiki-Seminars vor der Energieeinstimmung oder nachher gegeben werden, hängt von der Auffassung des Meisters darüber ab, wann diese Symbole ihre Wirksamkeit entfalten: bereits vor der »Energieübertragung« oder erst danach.

Wir arbeiten im 2. Grad mit denselben Handpositionen wie im 1. Grad, aber zusätzlich mit dem Kraftsymbol und/oder dem Schutzsymbol. Dadurch verkürzt sich die Dauer einer Ganzkörperbehandlung entscheidend, nämlich um mehr als die Hälfte der sonst üblichen Zeit.

Wir können die Reiki-Kraft überallhin ausstrahlen, nicht nur zu Menschen, sondern auch an geographische Orte, in Krisensituationen, zu Tieren und Pflanzen, zur Heilung der Erde selbst.

Wenn man die Reiki-Symbole anwendet, kann man sie mit den Händen »zeichnen«. Dabei sollten wir jedoch an die Vertraulichkeit der Symbole denken und dies nicht in der Öffentlichkeit oder zu Hause tun. Wir können uns die Symbole auch vor dem geistigen Auge vorstellen bzw. sie mit unserer Mentalkraft visualisieren. Anders ausgedrückt, man könnte die Symbole wie mit einem Laserstrahl vor dem geistigen Auge projizieren. Meiner eigenen Erfahrung nach bedarf der Umgang mit den Symbolen auf den inneren Ebenen einige Zeit der Einübung.

Während des Vorgangs wiederholt man geistig dreimal den Namen des jeweiligen Symbols. Wir können die Symbole mit Farben verbinden, mit Weiß, Silber, Gold oder Violett.

Reiki-Anwendungen im 2. Grad

Die Reiki-Kraft wirkt intensiver.
Die Zeit für die Anwendungen
verkürzt sich stark.
Reiki kann über Zeit und Raum hinweg
gesandt werden.

Reiki im 3. Grad

Die Verbindung mit der universellen Lebensenergie wird erneut vertieft, die Lichtkraft kann noch unmittelbarer aufgenommen und intensiver ausgestrahlt werden.

Mit der Einstimmung zum 3. Grad wird das vierte Symbol, das sogenannte Meistersymbol, übermittelt. Es hat die Funktion, zusammen mit dem Wissen um die entsprechenden Einstimmungsvorgänge, den Reiki-Lehrer zu befähigen, nun selbst andere Menschen in den 1. und 2. Reiki-Grad einzuweisen.

Auch hier gilt, wie für alle Reiki-Grade, daß wir nur in dem Maße durchlässig für Reiki werden, wie wir diese Kraft wirklich anwenden. Die Verbindung mit Reiki kann, wenn sie einmal hergestellt worden ist, zwar nie verlorengehen. Wenn wir Reiki jedoch nicht praktizieren, wenn wir nicht laufend, am besten täglich oder noch häufiger, die Verbindung zur Lichtkraft herstellen und Licht über unsere Hände weiterstrahlen, dann werden wir mit der Zeit weniger aufnahmefähig für Reiki.

Ich empfehle, Reiki so oft wie nur möglich anzuwenden – im Rahmen einer Ganzbehandlung oder kürzerer Anwendungen im Alltag. Und erinnern wir uns daran, daß die Reiki-Kraft von sich aus selbsttätig zu den Ursachen von Disharmonien fließt, daß die Lichtkraft eine Heilwerdung auf allen Ebenen bewirkt, indem sie von innen nach außen strömt. Die universelle Lebensenergie wird durch uns übermittelt, nicht aber von uns erschaffen.

6

Die praktische Arbeit

Reiki-Hände sind Licht-Hände

Vorgehen bei der Reiki-Anwendung

Sie können Reiki nur dann für die Eigen- oder Fremdbehandlung anwenden, wenn Sie zumindest die vier
Einstimmungen des 1. Grads durch einen kompetenten
Reiki-Lehrer in vollwirksamer Form erhalten haben.
(Ich halte diese Bemerkung für notwendig, weil es ab
und zu auch »Reiki-Übermittlungen« zu geben scheint,
bei denen die Reiki-Kraft nicht oder nicht vollständig
übermittelt wird.)
   Folgende Punkte müssen dabei beachtet werden:

1.   Wenn Sie für die Anwendung eine harmonische Umgebung schaffen können, unterstützt dies das Geschehen. Allerdings wirkt Reiki in jeder Lebenssituation und
kann dazu beitragen, gerade negative äußere Umstände
auszugleichen.

2.   Aus Gründen der Hygiene ist es vorteilhaft, vor und
nach der Anwendung die Hände zu waschen, sofern es
die Umstände erlauben.

3. Wenn wir beide Hände frei haben, lassen wir beide strahlen. Wir legen die Finger beim Praktizieren entspannt nebeneinander, den Daumen belassen wir in seiner natürlichen Lage.

4. Der Strom der universellen Lebensenergie wird allein durch die Absicht des Spenders aktiviert, diesen Strom fließen zu lassen. Eine spezielle Konzentration ist nicht erforderlich. Wenn wir nicht durch Mitleid und eigenes Wollen beteiligt sind, nehmen wir vom Empfänger keine unharmonischen Schwingungen auf und geben auch selbst keine ab.

5. Die Absicht zum Spenden und die Bereitschaft zum Empfangen gehören zusammen. Der Zustand der Bereitschaft ist bereits gegeben, wenn kein bewußtes Sichversperren vorliegt. Wer sich bewußt der Reiki-Kraft verschließt, erfährt durch sie auch keine Wirkungen: Die Freiheit des menschlichen Willens bleibt immer gewährleistet. Der Glaube an die Wirksamkeit der Reiki-Kraft ist keine Voraussetzung dafür, ihre Segnungen zu erfahren. Beobachtendes Geschehenlassen genügt.

6. Die momentane persönliche und psychische Verfassung des Spenders hat auf die Qualität des ausstrahlenden Lichts keinen Einfluß.

7. Bei der Wahl der Positionen richten wir uns nach den Möglichkeiten und unserem inneren Gefühl. Wenn es die Umstände erlauben, ist es am besten, alle Positionen anzuwenden. Andererseits ist »ein bißchen Reiki besser als kein Reiki«.

8. Wir legen die Hände sanft auf die gewünschte Körperstelle und lassen sie dort ruhen, bis die Position gewechselt wird, in der Regel nach drei bis fünf Minuten, oder so lange, wie wir es intuitiv für sinnvoll halten. Eine andere Möglichkeit besteht darin, daß wir die Hände einige Zentimeter von der Körperoberfläche entfernt halten. In diesem Fall befinden wir uns innerhalb des feinstofflichen Körpers, der unseren physischen Körper umgibt.

In beiden Fällen wird es vom Empfänger als wichtig und angenehm empfunden, die Hände nur zum Wechseln der Position wegzunehmen. »Reiki-Hände sind Licht-Hände!« Immer, wenn wir – ab dem 1. Grad – unsere Hände auflegen, besteht sogleich ein direkter Kontakt mit der Reiki-Kraft. Wenn wir uns bewußt darauf ausrichten, Reiki zu spenden, kann die Kraft noch stärker wirken.

9. Empfänger und Spender schaffen während der Reiki-Anwendung eine Gemeinsamkeit in erster Linie auf der Ebene des universellen Geistes. Niedrigere Ebenen wie beispielsweise Sympathie und Antipathie treten in

den Hintergrund. Sie verändern die Qualität von Reiki nicht. Oft erleben Menschen beim Praktizieren von Reiki, daß das, was als trennend empfunden wurde, unwichtig wird oder sich sogar auflöst.

10. Begeben sich Spender und Empfänger in eine stille Beobachterposition, kann bei beiden die Natürlichkeit und Größe des Geschehens leichter bewußt werden.

11. Lösen sich bei der Anwendung emotionale Spannungen oder tauchen Bilder aus dem Inneren auf, so kann es günstig sein, darüber in offener Weise miteinander zu sprechen.
Wenn wir als »Erstreaktion« zunächst verstärkte Symptome im Bereich unserer physischen und psychischen Ebene erfahren, so deutet dies darauf hin, daß uns der momentane energetische »Ist-Zustand« verstärkt ins Bewußtsein gebracht wird. In dieser Situation kann es

Großmeisterin Hawayo Takato sagte:

Du selbst bist die Nummer eins.
Wenn du danach noch Zeit hast,
behandle deine Familie,
Freunde und Bekannte!

wichtig werden, mit Reiki, oder, falls gewünscht, mit speziellen anderen Therapien den Prozeß der Umwandlung und Harmonisierung zu vertiefen.

12. Durch die Einstimmung in das Reiki-System erhalten wir nicht die Fähigkeit, Diagnosen zu stellen. Dies ist für die Anwendung auch ohne Belang und von den gesetzlichen Bestimmungen her all jenen verboten, die nicht Arzt oder Heilpraktiker sind.

13. Strahlen wir Reiki aus, werden auch wir mehr und mehr erhellt, wie eine Kerze selbst licht erscheint, solange sie Licht gibt. Solange man aus der unerschöpflichen Quelle der universellen Lebensenergie weitergibt, erhält man selbst ebensoviel davon, wie es im Augenblick für einen richtig ist.

14. Viele, die Reiki praktizieren, machen an sich die Beobachtung, daß sie im Laufe der Anwendungen immer sensibler für feinstoffliche Energiewahrnehmungen werden. Dies läßt sich durch Übung verfeinern und verstärken.

15. Die oft unmerkliche, aber tiefe Entspannung durch die Einwirkung von Reiki kann am Ende der Anwendung körperliche Empfindungen wie nach tiefem Schlaf bewirken. Daher ist es nach der Behandlung – besonders nach einer Ganzkörperbehandlung – angenehm, sich

etwas Ruhe zu gönnen und sich langsam wieder auf den Alltagsrhythmus umzustellen.

Alle genannten Hinweise gelten in abgewandelter Form auch für die Selbstbehandlung. Gönnen Sie sich den Kontakt zur universellen Lebensenergie so oft wie möglich.

Reiki zur Selbstbehandlung

Grundlagen der Selbstbehandlung

Da jedes Lebewesen ein mehrschichtiges Energiesystem darstellt, das in sich unzählige Querverbindungen aufweist, wirkt sich jede Reiki-Behandlung auch auf das gesamte System aus. Somit ist keine Reiki-Position, die wir wählen, an sich falsch. Wir können jedoch effektive Schwerpunkte setzen, indem wir unsere Hände gezielt auf bestimmte Bereiche legen.

Immer dann, wenn Sie spüren, daß Sie eine »Auffüllung« Ihres »Energiereservoirs« brauchen, **und** wenn Sie wirklich genug Zeit dafür haben, dann sollten Sie sich eine Selbstbehandlung gönnen.

Es hilft mir, wenn ich diese Selbstbehandlung in einer harmonischen Umgebung praktiziere, vielleicht mit einem schönen Duft aus einer Duftlampe und mit wohltuender Musik.

Eine vollständige Selbstbehandlung dauert etwa eine Stunde. Am bequemsten ist die Selbstbehandlung im Liegen, es geht aber auch im Sitzen.

Ich empfehle, mit den nachfolgend aufgeführten Kopfpositionen zu beginnen, danach zu den Frontpositionen zu gehen und mit den Rückenpositionen abzuschließen. Aber auch hier gilt, daß Ihr eigenes Gespür der Maßstab für Sie selbst ist.

Halten Sie sich nicht an ein festes Schema, sondern spüren Sie ganz individuell, wie lange jede Handposition dauern sollte.

Und erinnern Sie sich daran, daß Reiki-Hände Lichthände sind.

Kopfpositionen

1. Hände
auf dem Gesicht

2. Hände
auf dem Haupt

Kopfpositionen

3. Hände auf
dem Hinterkopf

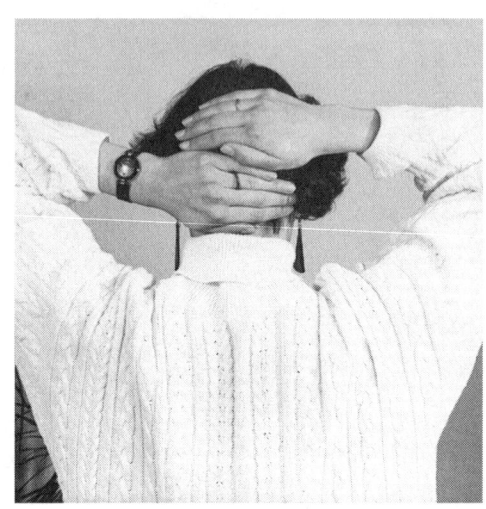

4. Hände
auf dem Hals

Vorderseite des Rumpfes

1. Eine Hand
auf der Brust,
eine Hand auf
Herzzentrum

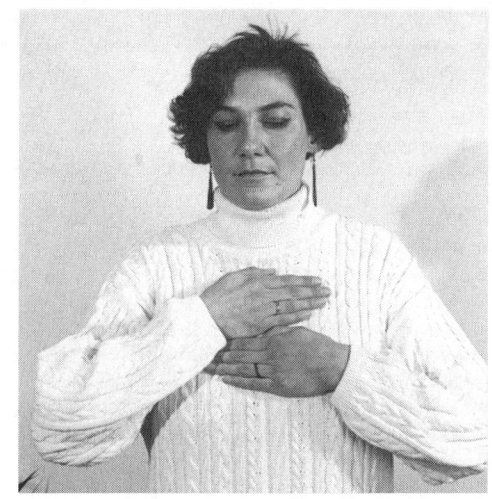

2. Hände auf dem
unteren Brustkorb

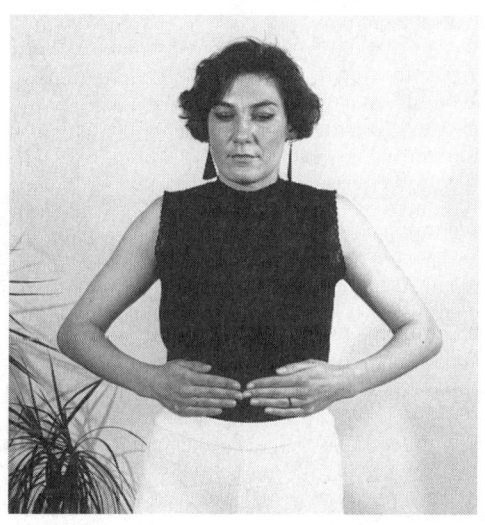

Vorderseite des Rumpfes

3. Hände
rechts und links
vom Bauchnabel
oder eine Hand
auf Bauchnabel,
eine Hand
unterhalb
Bauchnabel

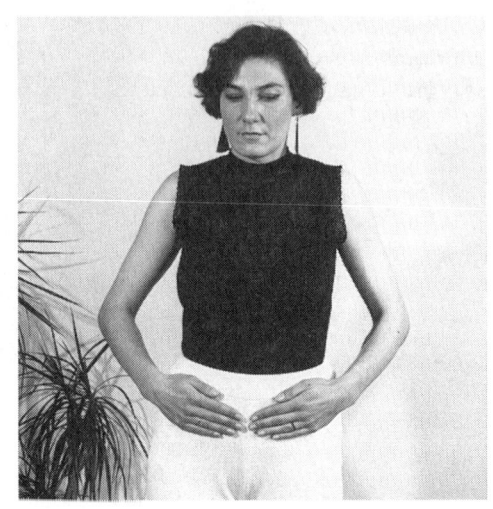

Vorderseite des Rumpfes

4. Hände auf
den Leistenbeugen

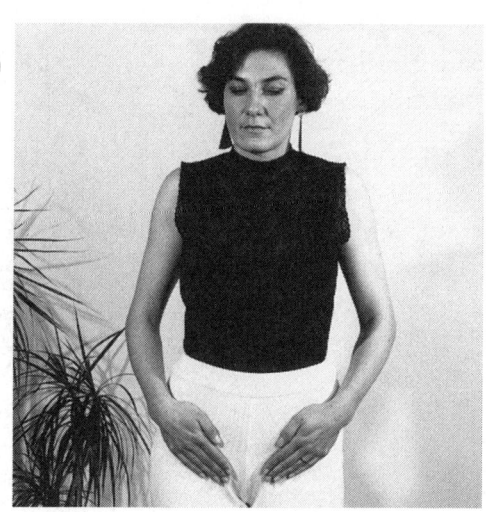

Rückseite des Körpers

1. Hände auf
den Schultern

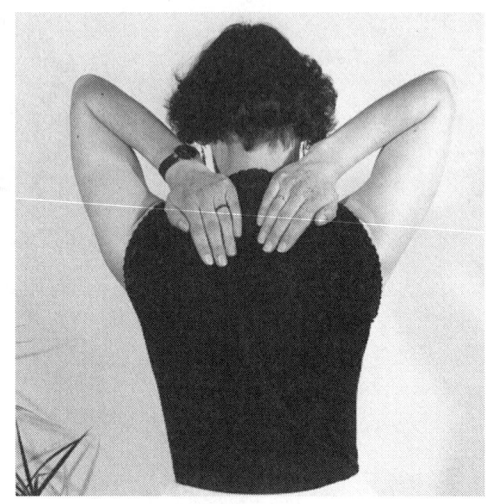

2. Hände auf den
Lungen(spitzen)

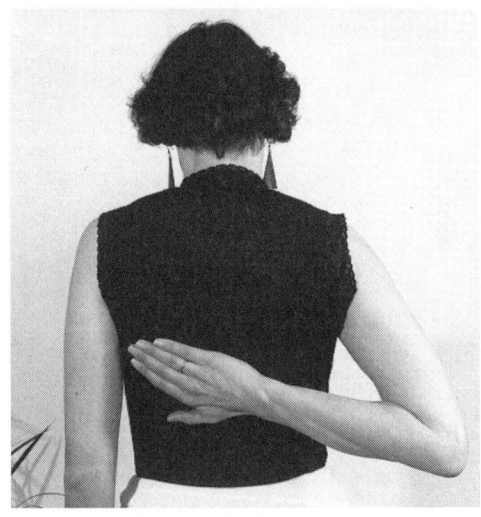

Rückseite des Körpers

2. Hände auf den
Lungen(spitzen)

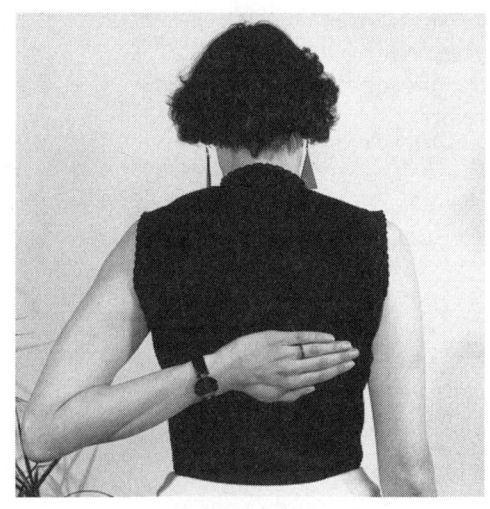

3. Hände auf
den Nieren

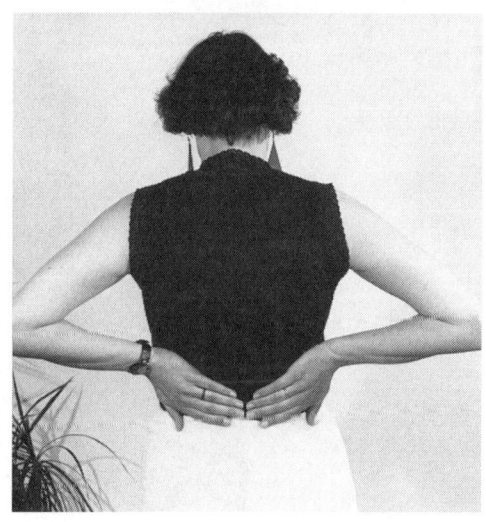

Rückseite des Körpers

4. Hände auf
Steißbein
und Kreuzbein
oder
Hände auf Gesäß

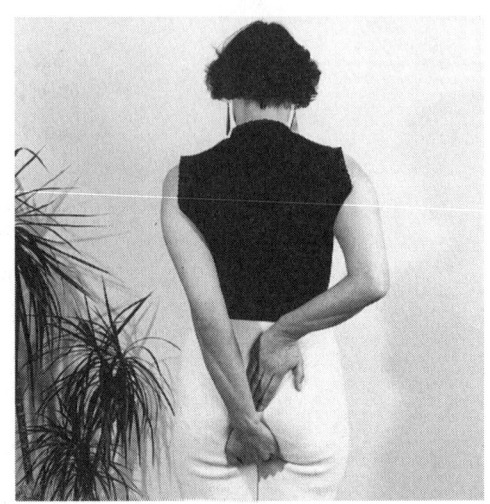

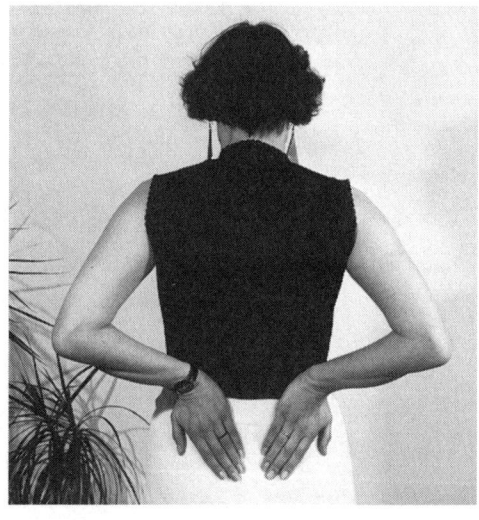

Reiki und Chakra-Arbeit:
Der »siebenarmige Leuchter«

Die Reiki-Technik des »siebenarmigen Leuchters« ist besonders geeignet, wenn man die Chakras harmonisieren will. Mir geht es dabei nicht um die übliche lineare Weise, sich von unten nach oben durch die Chakras zu arbeiten, sondern um eine andere Form der Verbindung zwischen diesen wichtigen feinstofflichen Kraftzentren. Sie wissen sicher, daß die Chakras feinstoffliche Energiezentren oder »Energiespiralen« sind, die als »Schaltstellen« dazu dienen, höhere geistige Lebenskräfte so umzuwandeln, daß wir ihre Impulse sowohl auf der Bewußtseinsebene als auch auf der psychosomatischen und organischen Ebene aufnehmen können. Wörtlich bezeichnet »Chakra« ein sich drehendes Rad. Manchmal findet man auch den Begriff »Lotos« dafür. Immer handelt es sich um die Öffnung und Übertragung von höheren geistigen Kräften der Entwicklung und Harmonie auf unsere irdische Lebensform.

Beim siebenarmigen Leuchter sehen wir ein Kerzenlicht in der Mitte und je drei links und rechts davon. Dabei besteht jeweils eine besondere Beziehung zwischen zwei Lichtpaaren, dem Lichtpaar links und rechts von dem Licht in der Mitte, dem nächsten Kerzenpaar und den beiden ganz außen befindlichen Kerzenlichtern.

Eine Entsprechung finden wir bei den sieben Chakras, mit der in der folgenden Übung gearbeitet wird. Sie baut darauf auf, die Energien der drei höheren, eher seelisch-geistigen Chakras mit den Kräften der drei niedrigeren, eher körperlich-gefühlhaften Zentren in Resonanz zu bringen. Das Herzchakra, das Zentrum der überpersönlichen Liebe, bildet in diesem Vorgang die Mitte.

Meiner Meinung nach ist die Verbindung zwischen unserer geistig-seelischen Natur und unserer körperlich-gefühlhaften Natur nur über die Herzenqualität, die Herzensgüte, die Herzenskraft und die Herzensliebe möglich. Bereits Jesus Christus sagte: »Öffnet die Herzen der Menschen!« Und ich würde hinzufügen: »Und das Himmelreich steht euch offen.«

Eine unserer wichtigsten Aufgaben für die Zeit der Erdendimension ist die Entwicklung und das Sich-Öffnen für die überpersönliche, schöpferische Liebe, die bedingungslose, göttliche Liebe. Wenn es uns Menschen gelingt, die Gotteskraft in unsere Herzen fließen zu lassen, öffnen wir uns wahrhaftig auf allen Ebenen für unser wahres Sein und erkennen unsere wirkliche, wahrhafte Natur als Kinder Gottes.

Die Übung des siebenarmigen Leuchters soll genau diese Qualität in uns fördern, indem wir immer ein »himmlisches« und ein »materiell-erdiges« Chakra miteinander verbinden und die universelle Lichtkraft einstrahlen lassen. So verbinden wir Himmel und Erde in unserem Herzen.

Ich bin mir übrigens bewußt, daß es unterschiedliche Auffassungen über Anzahl, Funktion und Lage der Chakras gibt, und lade dazu ein, diese Darstellung einmal probeweise anzunehmen und mit der Übung praktisch zu arbeiten.

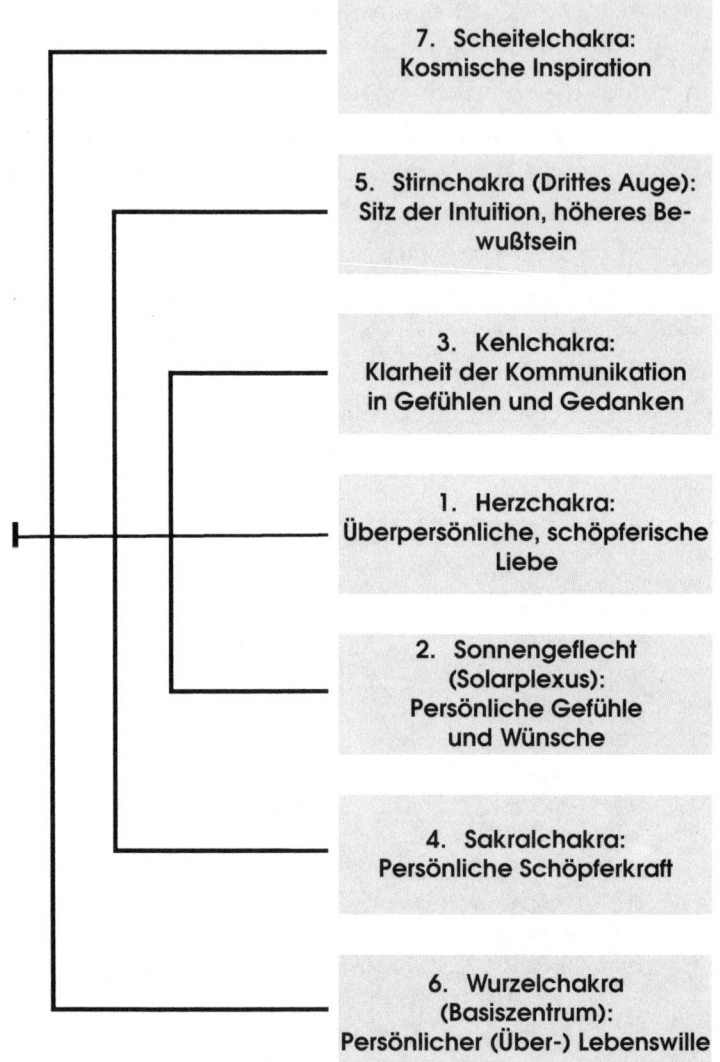

7. Scheitelchakra:
Kosmische Inspiration

5. Stirnchakra (Drittes Auge):
Sitz der Intuition, höheres Bewußtsein

3. Kehlchakra:
Klarheit der Kommunikation
in Gefühlen und Gedanken

1. Herzchakra:
Überpersönliche, schöpferische
Liebe

2. Sonnengeflecht
(Solarplexus):
Persönliche Gefühle
und Wünsche

4. Sakralchakra:
Persönliche Schöpferkraft

6. Wurzelchakra
(Basiszentrum):
Persönlicher (Über-) Lebenswille

Übung

Wir legen die Hände auf jede Position etwa drei Minuten lang oder so lange, wie es uns angenehm ist. Man kann diese Übung sowohl im Sitzen als auch im Liegen durchführen. Ich empfehle, sie morgens vor dem Aufstehen zu machen, um ganz erfrischt in den Tag hineinzugehen, und abends vor dem Einschlafen, um vom Alltag loszulassen und sich wirklich tief zu entspannen.

1. Zu Beginn legen wir beide Hände auf das Herzchakra, so daß eine Hand auf dem oberen und die andere Hand auf dem unteren Teil des Brustbeins ruht. Dann lassen wir die Reiki-Kraft über unsere Hände in dieses Zentrum einstrahlen. (Es ist egal, wo Sie Ihre linke oder Ihre rechte Hand halten.)

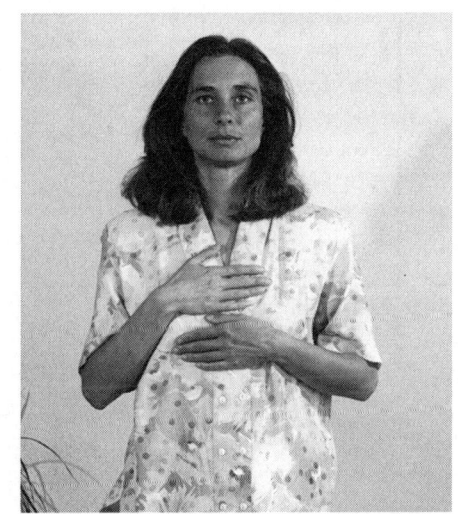

Übung

2. Dann legen wir
die obere Hand auf
unser Kehlchakra,
also rund um den
Kehlkopf herum, und
die untere Hand le-
gen wir auf das Son-
nengeflecht um den
Solarplexus. Wieder
lassen wir die univer-
selle Lebensenergie
einströmen.

3. Als nächstes le-
gen wir die untere
Hand auf das Sakral-
chakra, etwa eine
Handbreit unter dem
Bauchnabel, die obe-
re Hand legen wir
auf die Stirn und las-
sen die Lichtkraft in
beide Zentren
fließen. Wir werden
uns der Verbindung
zwischen der Schöp-
fungskraft und der In-
tuition bewußt.

Übung

4. Danach legen wir die untere Hand entweder unter das Steißbein (Wurzelchakra) oder auf den Damm, die obere Hand wird auf das Scheitelchakra (Fontanelle) gelegt. Erneut lassen wir die Reiki-Kraft an beide Orte strahlen.

Nun gehen wir mit den Händen in der umgekehrten Richtung wieder zurück.

5. Die untere Hand wird jetzt auf das Stirnchakra, auf das Zentrum des dritten Auges, gelegt, und die obere Hand geht auf das Sakralchakra. Wir nehmen uns wieder ungefähr drei Minuten Zeit, die Lichtenergie in beide Zentren einströmen zu lassen.

Übung

6. Mit der oberen Hand gehen wir auf das Kehlchakra, mit der unteren auf das Sonnengeflecht (Solarplexus).

7. Zum Schluß nehmen wir beide Hände wieder auf das Herzchakra, in dem Bewußtsein, daß wir hier unsere physischen Energiezentren mit den geistigen verbinden und erkennen, daß nur das Licht und die Liebe beides vereinen können.

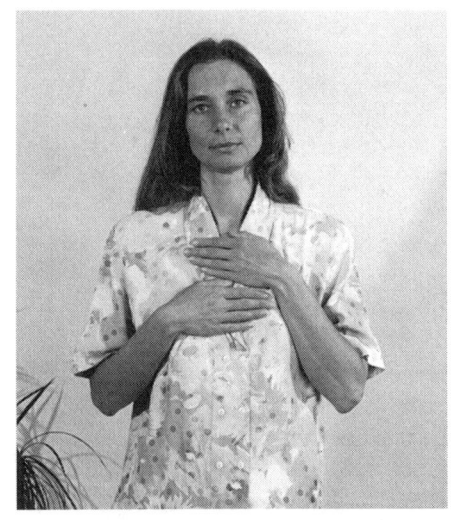

Übung

Wir spüren in uns hinein, ob und was sich im Verlauf der Übung verändert hat und kommen wieder ganz zurück ins Tagesbewußtsein.

Diese Übung dient dazu,
- die Chakren einzeln und im Zusammenwirken untereinander zu harmonisieren und zu stabilisieren,
- die universelle Lebensenergie in uns zu verstärken,
- psychosomatische Heilung zu fördern,
- spirituelle Entwicklung anzuregen,
- unsere Herzensqualität zu fördern,
- unsere wahre Lichtnatur zu erkennen.

Insgesamt wirkt die Übung tief entspannend und beruhigend, wir fühlen uns leichter und lichter, frischer und bewußter. Und wer von uns könnte das im heutigen, täglichen Leben nicht gut gebrauchen!

Die Reiki-Schnellbehandlung

Nicht immer haben wir genügend Zeit, um eine vollständige Ganzkörperanwendung durchzuführen, die normalerweise etwa eine Stunde dauert. Aber: »Ein bißchen Reiki ist besser als gar kein Reiki!« Daher empfehle ich Ihnen folgende Handpositionen für eine »Schnellbehandlung«. Ich möchte Sie daran erinnern, daß eine bewußte Ausrichtung auf die Reiki-Behandlung das Fließen der universellen Lebensenergie meist verstärkt.

Als Dauer für jede Position schlage ich drei bis fünf Minuten vor, oder Sie nehmen sich eben gerade die Zeit, die Sie zur Verfügung haben, bzw. die Zeit, die Sie selbst intuitiv als richtig empfinden.

1. Eine Hand wird auf die Stirn oder den Scheitel gelegt, die andere auf den Nacken, und lassen Sie die Lichtkraft über beide Hände strömen.

2. Als nächstes legen Sie eine Hand auf das Herzchakra (in der Brustmitte), die andere auf eine Niere. Wechseln Sie dann auch über zur anderen Niere.

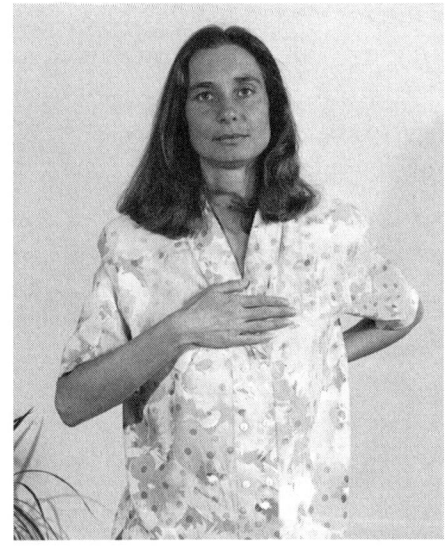

3. Nun legen Sie eine Hand auf den Solarplexus oberhalb des Bauchnabels und die andere auf das Sakralchakra (unterhalb des Bauchnabels).

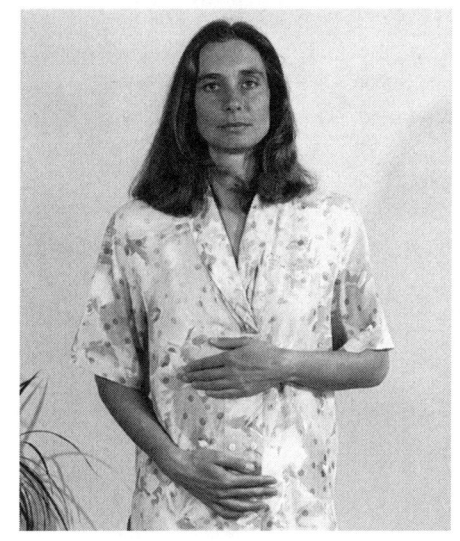

Der Sinn dieser »Schnellbehandlung« besteht darin, daß Sie sich ohne großen Zeitaufwand mit der universellen Lebensenergie wieder aufladen können. Mit dieser Übung harmonisieren und aktivieren Sie die wichtigsten endokrinen Drüsen. Nach dieser Übung fühlen Sie sich rasch wieder entspannt und erfrischt. Sie können sich den weiteren Anforderungen des Tages und dem alltäglichen Lebensvollzug aktiv, ausgeglichen und mit neuer Kraft widmen.

Diese Übung ist ideal für Menschen mit wenig Zeit.

Reiki für die Fremdbehandlung

Man kann Reiki, wie Sie ja wissen, nicht nur für sich nutzen, sondern auch anderen Menschen die segensreichen Wirkungen der universellen Lebensenergie zufließen lassen. Selbstverständlich ersetzt die Reiki-Anwendung nicht eine medizinisch notwendige Diagnose und/oder Therapie!

Vor allem bei einer Fremdbehandlung gibt es einige Punkte zu beachten:
- Eine Reiki-Anwendung für einen anderen Menschen bedeutet zuallererst, daß wir jemandem auf der geistigen Ebene begegnen. Sympathie oder Antipathie spielen keine Rolle für die heilsame Wirkung.
- Reiki wird immer die ganzheitliche Heilwerdung des Menschen fördern, auch auf Wegen, die der Reiki-Anwender vorher gar nicht immer absehen kann, oder die beide später nicht nachvollziehen können.
- Es kann zu »Heilreaktionen« kommen, wie bei jeder medizinischen, psychosomatischen oder psychischen »Therapie« – ähnlich den »Heilkrisen«, zu »Erstver-

schlimmerung« oder »Entschlackung«, die wir vom Fasten und in der Homöopathie kennen. (Häufig findet ein solcher »Reinigungsvorgang« bereits unmittelbar nach der Anwendung statt, wenn die Klienten eine intensive Ausscheidungsreaktion erleben.)

- Reiki wirkt immer ganzheitlich. Eine »falsche« Anwendung oder eine »mißbräuchliche« Technik existieren bekanntlich nicht. Selbst eine »negative« Motivation des Gebenden mit Blick auf den Empfangenden kann nicht schädlich wirken – vielmehr fließt die Reiki-Kraft in einem solchen – seltenen – Fall einfach nicht. Denn die Reiki-Kraft kann bekanntlich nicht gegen sich selbst wirken. Und sie fließt um so intensiver, wenn wir nichts zu machen versuchen, sondern die Führung der universellen Lebensenergie überlassen.

Die Reiki-Anwendung für andere Menschen beginnt üblicherweise mit den Handpositionen, die Sie im Abschnitt Selbstbehandlung schon kennengelernt haben. Zusätzlich empfehle ich die im folgenden beschriebenen Handpositionen für eine Ganzkörper-Behandlung.

Ich schlage vor, mit den Kopfpositionen zu beginnen. Gleichzeitig ermuntere ich Sie aber, sich auf Ihr eigenes Gespür mehr als auf allgemeine »Rezepte« zu verlassen. Rechnen Sie mit mindestens einer bis zu einundeinhalb Stunden Behandlungsdauer. Der Energieempfänger sollte also, genauso wie Sie selbst, genügend Zeit mitbringen, um nicht unruhig zu werden, wenn ein nächster Termin heranrückt und man noch nicht »fertig« ist.

Zusätzliche Kopfpositionen

Hände auf
den Schläfen

Hände auf
den Ohren

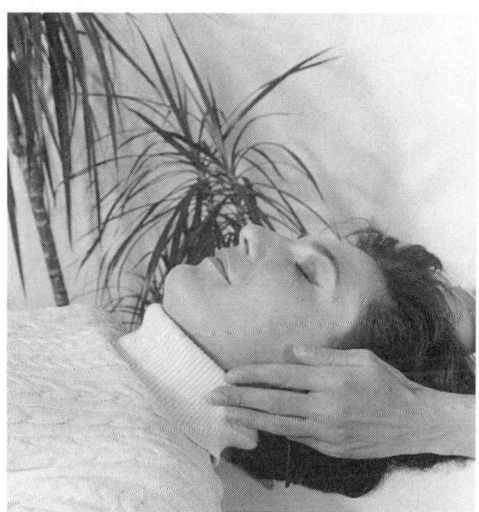

Zusätzliche Kopfpositionen

Hände auf dem
Scheitelchakra

Zusätzliche Frontpositionen

Hände in
»T-Position« auf
Herzchakra und
Thymusdrüse

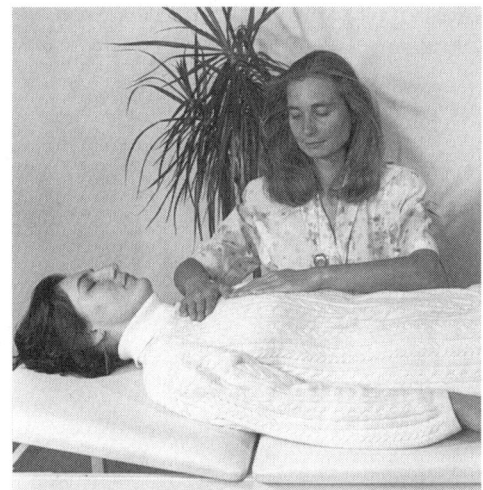

Variante zur
4. Frontposition
ist jetzt die
»V-Position«:
Hände rechts und
links in der Leisten-
gegend

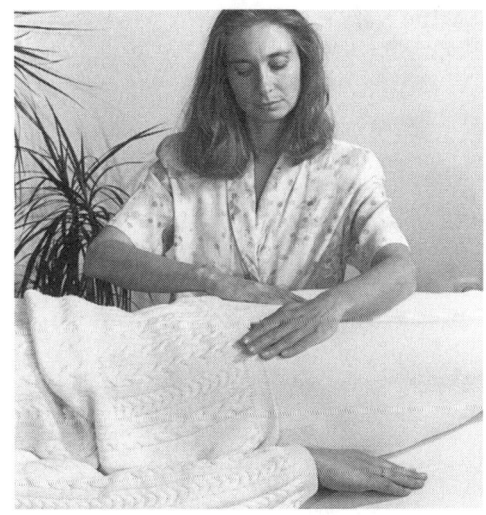

Zusätzliche Frontpositionen

Hände
auf den Knien

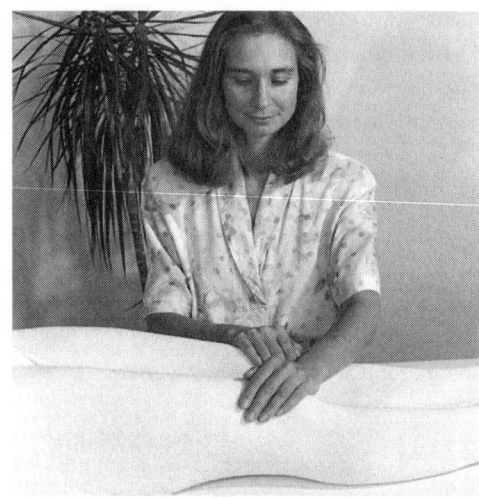

Hände auf den
Knöcheln

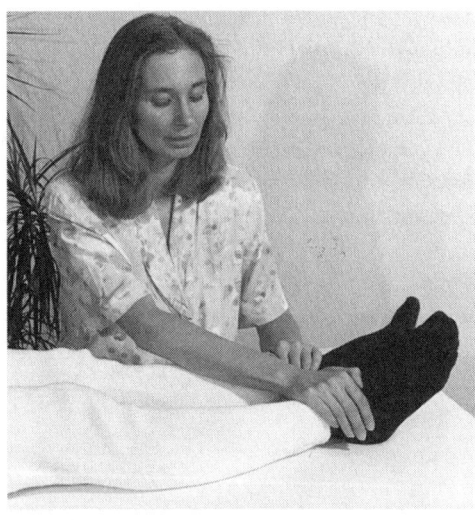

Zusätzliche Frontpositionen

Hände beidseits
auf dem Fußspann

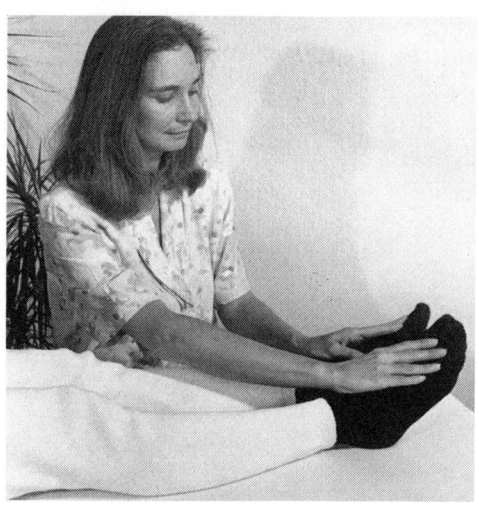

Zusätzliche Rückenpositionen

Hände auf Nacken
und Schulteransatz

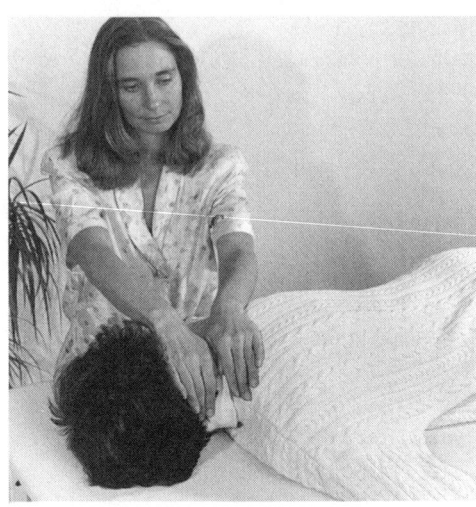

Hände auf den
Schulterblättern

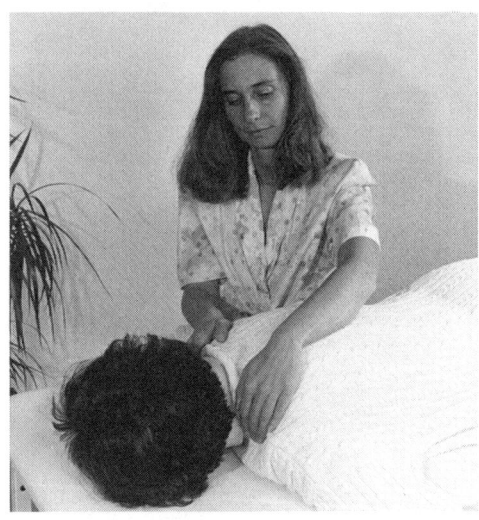

Zusätzliche Rückenpositionen

Hände auf den
rückwärtigen
Lungenpositionen

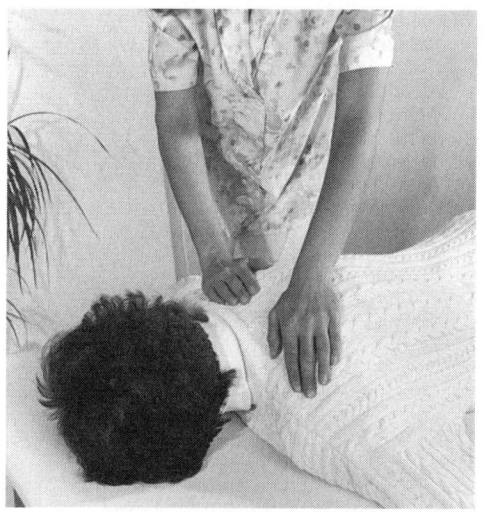

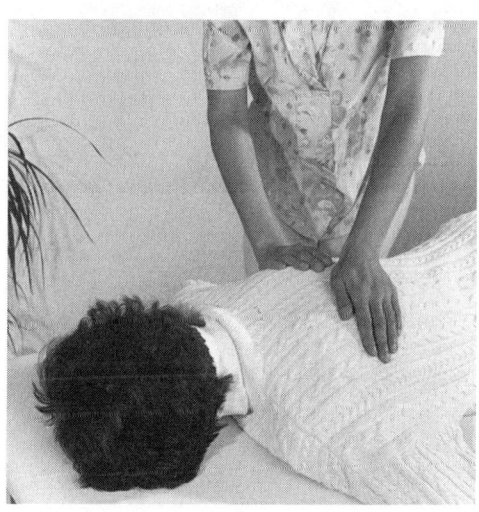

Zusätzliche Rückenpositionen

Hände auf den
Nebennieren

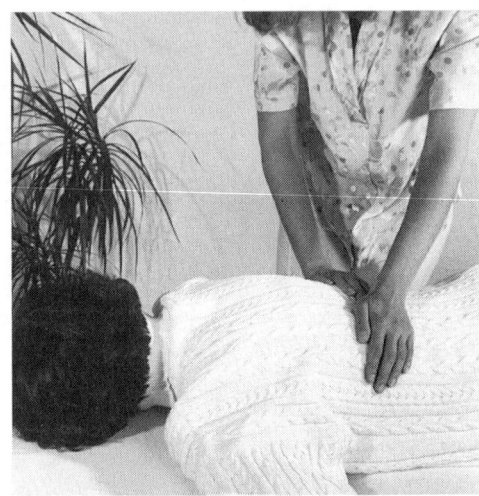

Hände auf den
Nieren

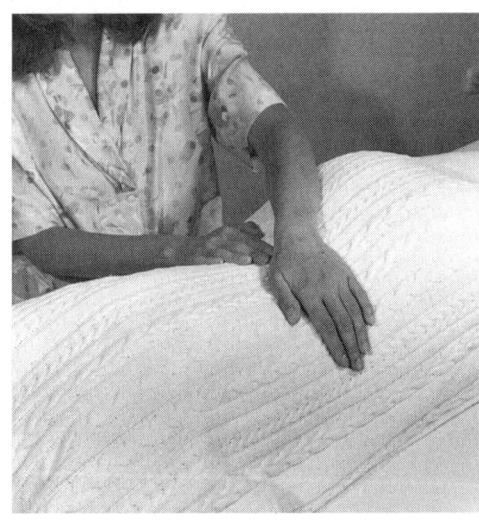

Zusätzliche Rückenpositionen

»T-Position«: eine
Hand auf dem
Steißbein, die
andere Hand
quer darüber

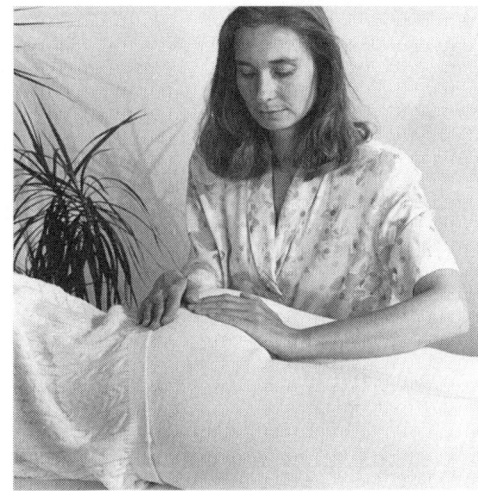

Hände auf den
Kniekehlen

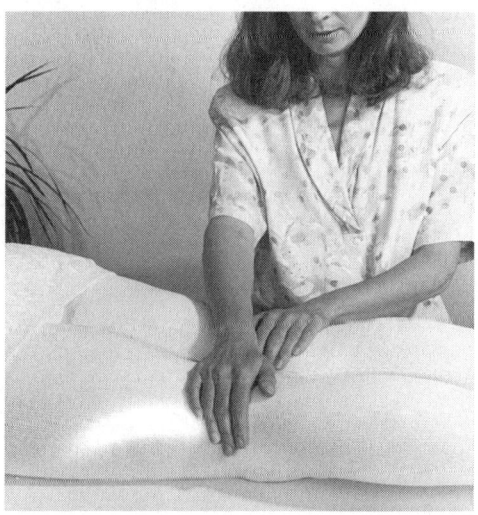

Zusätzliche Rückenpositionen

Hände auf den
Fußknöcheln

Hände auf den
Fußsohlen

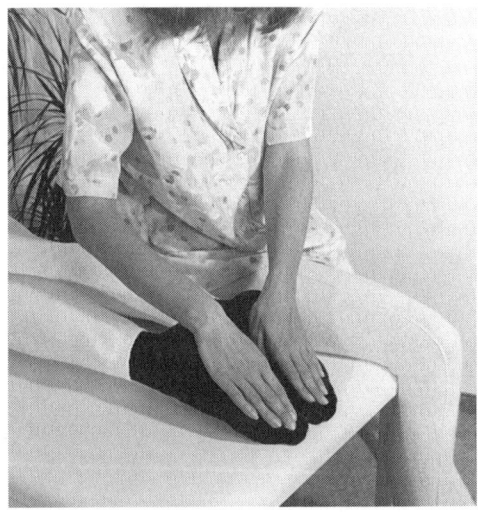

Zusätzliche Rückenpositionen

Hände auf
Steißbein
und jeweils
einer Fußsohle

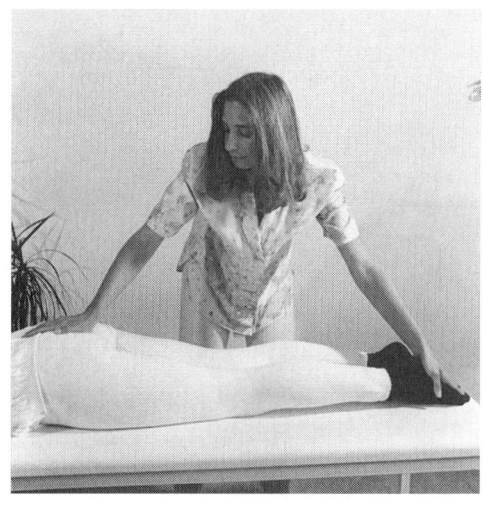

Bitte seien und bleiben Sie sich bewußt: Falls und wenn es zu irgendeiner Art von Heilung, Ganzwerdung, Harmonisierung oder Durchlichtung kommt, so sind **nie** wir als Reiki-Anwender oder Reiki-»Meister« dafür verantwortlich. Nicht uns stehen die »Lorbeeren« zu, wir haben keinen Anlaß, uns als »erfolgreichen« Heiler darzustellen. Vielmehr ist es **immer** die universelle Lebensenergie, die alles durchdringende Lichtkraft, die heilt. Die Heilung findet dort und dann statt, wo und wann es der Intelligenz dieser kosmischen Kraft zum Wohle des Menschen am sinnvollsten scheint.

7

Reiki im täglichen Leben

Bittet, und es wird euch gegeben.
Suchet, und ihr werdet finden.
Klopft an, und es wird euch aufgetan.

Reiki für Kinder

Kinder entdecken ihre eigenen heilenden Kräfte
Sie können Ihrem Kind bereits im Mutterleib Reiki schicken, es wird darauf dankbar »antworten«. Auch in der Geburtsunterstützung bewährt sich die Anwendung der universellen Lebensenergie und wunderbaren Lichtkraft, die Reiki übermittelt.

»Reiki-Hände sind Licht-Hände« – davon bin ich nach Jahren der Praxis, auch in meiner Arbeit als Heilerin überzeugt. Schenken Sie Ihren Kindern schon im Baby- und Kleinkindalter das sichere Gefühl, geborgen und beschützt zu sein, indem Sie ihnen regelmäßig Reiki geben. Dabei kommt es weniger auf diese oder jene Handposition an, als darauf, es überhaupt und dann auch bewußt zu tun.

Beim Stillen zum Beispiel halten Sie Ihr Kind ohnehin in einer für sie beide angenehmen Haltung in Ihren Armen und Händen und können dabei Ihre Hände wieder bewußt zur Ausstrahlung der Lichtkraft nutzen.

Wenn sich Ihre Kinder morgens in Ihrem Bett kuscheln, geben Sie ihnen so lange Reiki, bis sie sich von selbst den Händen entziehen, indem sie sich wegrollen oder Ihre Hände wegnehmen. Dann haben sie genug aufgenommen – das spüren Kinder intuitiv. Lassen wir ruhig unsere Kinder die »Behandlung« von sich aus beenden.

Kinder ab etwa drei Jahren können auch ein Reiki-Kinderseminar besuchen. Das Reiki-Zentrum Allgäu in Kempten bietet einmal im Jahr einen solchen besonderen Kursus an. Dabei werden die Kinder ganz spielerisch mit der universellen Lebensenergie in Kontakt gebracht und erhalten die vier Einstimmungen in den 1. Grad. Es ist wunderbar, mitzuerleben, wie sich Kinder jeden Alters für das Licht öffnen, weit und transparent werden und ihre wahre Lichtnatur nach und nach erfassen. Ein wirkliches Erlebnis, sowohl für die Kinder wie jedes Mal aufs neue auch für mich selbst.

In Reiki eingestimmte Kinder sind oft hilfsbereiter, freundlicher und aufgeschlossener. Natürliche Entwicklungsschritte werden leichter angenommen und vollzogen. Angerührt dürfen wir Älteren oft sehen, wie »Reiki-Kinder« ihre Hände spontan auflegen, wenn sich ein Mitschüler am Bein oder Arm verletzt hat, ein Schulfreund sich unwohl fühlt oder Schmerzen hat. Oft fragen gerade auch Kinder, wenn es den Eltern einmal nicht so gut geht, ob sie ihren Eltern Reiki geben sollen. Es ist schön, mitanzusehen, wie sich unsere Kinder Zeit nehmen und uns helfen, wieder ins Gleichgewicht zu kommen. Auch wenn wir nach einem anstrengenden Arbeitstag müde und abgespannt nach Hause kommen, ist es ein wunderbares und anrührendes Erleben, gefragt zu werden: »Mutti, Papi, soll ich dir ein bißchen Reiki geben?«

Reiki fördert bei Kindern den Gemeinschaftssinn, die Liebesfähigkeit und die Bewußtheit einer Einheit alles Lebenden mit sich selbst.

Reiki im Alltag

Geben Sie sich selbst im Alltag so oft Reiki wie nur möglich – auch dann, wenn eine komplette Ganzkörperbehandlung aus zeitlichen Gründen nicht möglich ist. Das richtet Ihr Bewußtsein und Ihren Organismus immer »automatischer« auf die Lichtkräfte aus und macht Sie dafür empfänglicher.

Reiki eignet sich für:

- Mütter und Väter, um den täglichen Anforderungen besser gewachsen zu sein,
- Lehrer und Erzieher, um die ihnen anvertrauten Kinder in ihrem natürlichen Entwicklungsprozeß optimal zu fördern und um selbst die Anforderungen ihrer Arbeit nicht als Belastung zu erleben,
- Sportler, um Leistung und Ausdauer sowie Selbstvertrauen und den Glauben an Erfolg zu steigern,
- Menschen in Heilungsprozessen, sowie für Therapeuten, um andere Therapien und Medikamente, Heilmethoden und Anwendungen ganzheitlich zu

unterstützen (An dieser Stelle ist der Hinweis sinnvoll, daß Sie mit Reiki auch allopathische Medikamente und schulmedizinische Therapien fördern
und für Ihren Organismus eher annehmbar machen
können!),

- Menschen in Leitungs- und Organisationsfunktio-
  nen, um ihre Energie und Kreativität optimal einzu-
  setzen,
- alle Menschen, die eine einfache Selbsthilfetechnik
  zur Entspannung, Harmonisierung und Auflösung
  von Streß suchen,
- alle Menschen, die mehr für ihre Gesundheit und
  Vitalität tun möchten,
- Kinder jeden Alters, um Lebensfreude und das innere
  Gleichgewicht zu stärken,
- alle Menschen, die ihre Wahrnehmungsfähigkeit und
  ihre Bewußtheit steigern möchten.

Tips und Gedächtnisstützen
für Reiki-Anwendungen im Alltag

- Beim Lesen oder Fernsehen können Sie die Gelegenheit nutzen, sich Reiki zu geben. Am besten dort, wo
  Sie es gerade als notwendig oder angenehm spüren,
  oder wohin Sie bequem mit den Händen hinlangen
  können.
- Beim Telefonieren lege ich immer eine Hand auf mein
  Sakral-, Solarplexus- oder Herzchakra (auch im

Wechsel) und spüre dabei, daß die Telefongespräche wesentlich harmonischer verlaufen und ich selber ruhiger bleibe, auch wenn es sich um schwierige Themen oder angespannte Gesprächspartner handelt.

- Beim Spazierengehen gebe ich mir mit der Hand in Jacken- oder Manteltasche Reiki.

- Als Beifahrer im Auto, auch im Bus oder in der Eisenbahn, im Flugzeug oder auf dem Schiff sollten Sie jede Gelegenheit nutzen, sich mit der universellen Lebensenergie zu verbinden.

- Mit jeder Umarmung eines Menschen können wir diesem die Lichtkraft »schenken«. Jede Berührung ist eine Chance, Reiki zu übermitteln.

- Im Sitzen auf einem Stuhl (auch auf der Toilette) und im Liegen finden Sie sicherlich zahlreiche Möglichkeiten, sich Reiki zu geben – auf die Knie, auf das Herzchakra und so weiter.

- Reiki eignet sich auch besonders als natürliches »Schlafmittel«. Im Liegen lassen Sie Ihre eigenen Hände den Weg zu den Positionen und Chakren finden, wohin es Sie intuitiv zieht. Strahlen Sie dann über Ihre Hände das Licht etwa drei bis fünf Minuten lang aus. Ich schlummere meist schon nach der ersten Position sanft ein, und das, obwohl ich jahrelang zuvor unter Schlafstörungen litt.

»Hands on – Lights on!«

Der obige amerikanische Reiki-Spruch läßt sich etwa so übersetzen: »Hände auflegen, Lichter an!«

Ihren Ideen und Ihrem Einfallsreichtum zur Anwendung von Reiki sind wirklich **keine** Grenzen gesetzt.

Über kurze Erfahrungsberichte von Ihnen, wie Sie selbst Reiki im Alltag anwenden und erfahren, würde ich mich sehr freuen. Neue Erkenntnisse, auch von anderen Menschen, möchte ich gern in einem geplanten ausführlichen Arbeitsbuch auch weiteren Lesern vorstellen. Bitte richten Sie Ihre Zuschriften ans Reiki-Zentrum Allgäu.

Reiki am Arbeitsplatz

Vorschläge zur lichtvollen Harmonisierung, zur besseren Entspannung, für erhöhte Konzentration und Leistungsfähigkeit.
Ohne innere Harmonie und äußere Entspannung fallen Konzentration und Leistung schwerer, als es nötig ist. Disharmonien, Verspannungen, Verkrampfungen und Überanstrengungen mindern Freude und Erfolg in jedem Lebensbereich, natürlich auch in der Arbeit.

Die Reiki-Kraft ist nicht nur geeignet, das körperliche und seelische Gleichgewicht wiederherzustellen und das allgemeine Wohlbefinden zu bewahren, sondern als universelle Lebensenergie und schöpferisches Licht wirkt Reiki auch dort, wo wir bessere mentale Ausgeglichenheit und Offenheit für neue Ideen brauchen, wo es um die zielstrebige Verfolgung von nützlichen Plänen geht, um effizienteren Einsatz unserer Kräfte und Fähigkeiten – kurz, Reiki wirkt auch dort, wo es sich um Erfolg in der Arbeit handelt.

Am besten wäre es, wenn Sie sich ein kleines Programm machten, das Sie dann möglichst jeden Tag auch wirklich durchführen. Fangen Sie lieber mit weniger als mit zuviel an. Denn wenn Sie es dann nicht durchführen können, vergeht Ihnen vielleicht schnell die Freude daran.

Gönnen Sie sich bewußt jede Stunde ein bis zwei Minuten Reiki. Nach langwierigen oder nervenaufreibenden Diskussionen oder Sitzungen, nach Ärger mit Chefs oder Kollegen sollten Sie sich Reiki bevorzugt auf den Solarplexus, etwas oberhalb des Bauchnabels, geben – möglichst etwas länger als nur ein bis zwei Minuten.

Natürlich können Sie auch jede andere Zone auswählen, die Ihnen intuitiv zusagt. Legen Sie Ihre Hände dorthin, wo es sich für Sie besonders gut anfühlt. Über diese Körperzone können Sie jetzt Reiki am besten aufnehmen. Sie werden selbst spüren, wie Sie im Nu ruhiger und ausgeglichener werden und sich wohler fühlen.

Je häufiger wir Reiki, die Lichtkraft, anwenden, desto rascher und deutlicher wird uns auch »einleuchten«, welche Ursachen zu Spannungen oder Disharmonien geführt haben. Wir werden allmählich immer bewußter und erfassen, wie wir Gemütseinstellungen und Situationen, die weder angenehm noch förderlich sind, vermeiden. Statt dessen strahlen wir aus uns selbst heraus immer mehr Klarheit, Gelassenheit und Harmonie aus.

Ich empfehle, wenn man mehr Zeit hat, etwa fünf Minuten, die »Reiki-Schnellbehandlung« oder die

Übung zum »siebenarmigen Leuchter« durchzuführen. Mein Hauptanliegen besteht darin, daß Sie möglichst häufig unter vielen verschiedenen Bedingungen Reiki anwenden und damit eigene Erfahrungen sammeln – um sich selbst davon zu überzeugen, daß es wirklich in allen Lebenslagen seine segensreiche Wirkung entfalten kann, wenn wir uns nur darauf einlassen!

Reiki und Ernährung

Die intuitiv richtige Auswahl an Lebensmitteln und die positive Energetisierung unserer Nahrung.
Richtige Ernährung ist in der heutigen Zeit eine wichtige Voraussetzung für Gesundheit und seelisches Wohlbefinden. Mit Ernährung und Essen verbinden wir viele Dinge: Erhalt unserer körperlichen Lebensgrundlagen, Genuß, familiäre oder gesellschaftliche Begegnung, aber mitunter auch starke (Sehn-)Süchte oder irrationale Abneigungen.

Auswahl:
Am besten ist es, bereits beim Einkauf die für uns richtigen Lebensmittel auszusuchen.

Da wir, wenn wir schon einige Zeit mit der universellen Lebensenergie arbeiten, in unseren Händen immer sensibler werden, ist es uns auch möglich, diese Empfindsamkeit zu nutzen, um schon bei der Auswahl der Nahrung eine für uns richtige Entscheidung zu treffen.

Probieren Sie einfach einmal aus, Ihre Hände im Laden über verschiedene Lebensmittel zu halten. Was spüren Sie? Sie werden feststellen, daß Ihre Handflächen über manchen Lebensmitteln deutlich kribbeln oder warm werden. Vielleicht fühlen Sie auch ein Ziehen oder sogar eine gewisse Kühle. Für mich persönlich gilt, daß – egal welches Gefühl auftritt – eine solche deutliche Reaktion in den Handflächen ein Zeichen dafür ist, daß ich dieses Nahrungsmittel jetzt **nicht** brauche, beziehungsweise daß die Lebensmittelqualität nicht in Ordnung ist. Denn – ich spreche nur von meinen eigenen Erfahrungen – wenn ein Nahrungsmittel viel Lichtenergie von meinen Händen aufnimmt, es ihm also daran stark mangelt, eignet es sich nicht als wertvolle Bereicherung meiner Nahrung. Das heißt, die Nahrung selbst enthält nicht mehr genug von der ihr sonst eigenen Lichtenergie. Wir wissen ja, das Pflanzen das Sonnenlicht aufnehmen und umwandeln.

Wenn meine Hände mir eine Botschaft übermittelten, an die ich mich dann aber nicht hielt, mußte ich oft genug die unangenehmen Folgen des Verzehrs von Nahrungsmitteln erleben, die für mich zu jener Zeit eben nicht geeignet waren. Daraus habe ich gelernt, meinen Händen zu vertrauen.

Auch hier gilt: Seien Sie intuitiv und kreativ! Setzen Sie die Reiki-Energie immer ein, wenn Sie sich dabei wohl fühlen. Wenn Sie mir über Ihre Erfahrungen berichten möchten, vielleicht auch zur Weitergabe an andere Menschen, schreiben Sie bitte an das Reiki-Zentrum Allgäu. Alle Anregungen sind mir sehr willkommen!

Zubereitung:

Als Hausfrau und Mutter, die den Wert von Reiki kennen- und schätzengelernt hat, bemühe ich mich bei jedem Schritt während der Zubereitung des Essens, mir bewußt zu werden und bewußt zu bleiben, daß über meine Hände Lichtenergie fließt. Was Sie auch in der Hand halten – ein Stück Brot, einen Blumenkohl, eine Mohrrübe, Reis –, bleiben Sie in Verbindung mit der universellen Lebensenergie, die durch Ihre Hände strömt. So können Sie das gesamte Essen »energetisieren« und durch Ihre Zuwendung auch etwas von der überpersönlichen Seelenliebe in die Lebensmittel einfließen lassen. Vor dem Servieren halte ich die Hände über oder um die Töpfe oder Schalen und arbeite auch mit dem Kraftsymbol.

Natürlich können Sie auch am Tisch selbst die Reiki-Energie einsetzen. Besonders in Kantinen oder manchen Gaststätten, in denen eher eine »Abfertigung« stattfindet und das Essen oft leider nur von minderwertiger Qualität ist, sollte man die Lichtkraft am Tisch unmittelbar vor der Nahrungsaufnahme nutzen. Sie fördern damit die Aufnahmefähigkeit und Verträglichkeit, Sie »werten« Ihr Essen auf. Wenn sich herausstellen sollte, daß ein Bestandteil nach der Reiki-Anwendung ganz

unappetitlich schmeckt, so ist das ein deutliches Warn-
zeichen, daß dieses Nahrungsmittel gar nicht mehr auf-
gewertet werden kann, und daß Sie es lieber nicht ver-
zehren sollten.

Behandeln Sie, falls Sie einen eigenen Garten haben,
schon das Saatgut mit Lichtenergie. Und denken Sie
beim Einpflanzen, beim Pflegen und beim Ernten daran,
daß Sie auch jetzt jedes Mal Lichtenergie über Ihre Hände weiterleiten können.

Zum Schluß möchte ich den Skeptikern unter Ihnen
gern ein Experiment vorschlagen: Nehmen Sie eine Fla-
sche Wein und gießen Sie in zwei Gläser gleich viel ein.
Bitten Sie einen Reiki-Schüler, ein Glas mit Reiki »zu
behandeln«, das andere nicht – aber so, daß die anderen
Anwesenden nicht sehen, welches das behandelte und
welches das unbehandelte Weinglas ist. Dann kosten Sie
nacheinander und versuchen herauszufinden, ob Sie
einen Unterschied feststellen.

Bei allen Versuchen dieser Art, denen ich beiwohnte,
funktionierte das Experiment immer! Allerdings ist der
eine oder andere Wein »umgekippt« – das heißt, ein
»schlechter« Wein schmeckte deutlich sauer, wie Essig.
Weine von guter Qualität wurden durch die Lichtenergie meist deutlich besser, ihr Volumen reicher, das Bou-
quet voller und der Geschmack feiner.

Reiki für Tiere und Pflanzen

Tiere und Pflanzen sind Lebewesen, sie sind ebenso Geschöpfe der einen großen Kraft wie wir selbst. Sie befinden sich am Anfangspunkt einer lange dauernden Bewußtseinsentwicklung, der Verstand ist auf dieser Entwicklungsstufe noch nicht sehr ausgeprägt. Dennoch sind sie – wie der heilige Franziskus von Assisi und andere Weise betonten – fühlende Wesen und verdienen auch unsere Aufmerksamkeit und unser Mitgefühl.

Tiere sprechen auf die universelle Lebensenergie besonders gut und sichtbar an. Sie nehmen so viel davon auf, wie sie gerade brauchen. Reiki ist für alle Tiere anwendbar, egal, ob es große oder kleine, Haus- oder Stalltiere (sogar Wildtiere können mit der Fernanwendung behandelt werden) sind.

Manchmal können die eigenen Haustiere nicht auf Anhieb etwas mit dem veränderten Energieniveau ihrer »Frauchen« oder »Herrchen« anfangen, wenn diese von einem Reiki-Kurs wieder nach Hause kommen. Einige meiner Reiki-Schüler berichten, daß sich ihre Haustiere

– Hund, Katze, Meerschweinchen, Hase – nach ihrer Rückkehr abwartend und zurückziehend verhielten. Andere erzählen dagegen, daß ihre Haustiere sie wie beglückt und viel überschwenglicher als sonst begrüßten. Nach einer kurzen Zeit haben sich die Haustiere an das neue Energiepotential gewöhnt und kommen von sich aus gern, um sich streicheln zu lassen. Mit jedem Streicheln und überhaupt mit jeder Berührung können wir den Tieren Reiki geben.

Vor allem wenn sich Ihr Haustier unwohl fühlt, wenn es traurig ist oder sich offensichtlich verlassen fühlt, wenn es krank ist oder es sich verletzt hat, wird es für jede Hilfe durch Reiki dankbar sein. Wir wenden die Handpositionen analog den Positionen bei der Eigen- und Fremdbehandlung an. Tiere wenden sich – wie wir es bei Kindern schon gehört haben – von sich aus ab, wenn sie genügend »aufgetankt« haben.

Am Reiki-Zentrum Allgäu haben wir zahlreiche interessante und beglückende Erfahrungen mit Tieren gemacht. Eine Reiki-Anwenderin war traurig, daß ihr Pferd eine schmerzhafte Wunde an einem Huf hatte. Wir haben dann im Rahmen des »Notruf-Rings« Fern-Reiki geschickt; die Besitzerin behandelte gleichzeitig ihr Pferd mit unmittelbarem Kontakt über ihre Hände. Das Pferd kam sehr viel schneller wieder auf die Beine und brauchte deutlich weniger Medikamente, als es in vergleichbaren Fällen üblich ist. Wir leben auf dem Land, und deshalb erreichen uns immer wieder auch Bitten um Hilfe für schwache oder kranke Kälbchen. Dann gehen wir in den Stall und geben ihnen Reiki. Wir haben festgestellt, daß die Selbstheilungskräfte oft stark angeregt werden und es zu einer Heilung kommt. Es passiert aber in aussichtslosen Fällen auch, daß die Kälbchen dieses Leben verlassen – allerdings jedes Mal auf friedliche Weise und ohne die Agonie, die man sonst beobachten kann.

Auch hilflose Vögel, verwaiste oder aus dem Nest gefallene, sprechen auf Reiki gut an. Sie fühlen sich schnell geborgen und beruhigen sich, das heftige Herzklopfen vor Aufregung und Angst klingt rasch ab. Wir nehmen sie zwischen beide Handflächen, so daß nur noch ihr Schnäbelchen herausblickt.

Verletzungen und Wunden heilen schneller, Blutungen kommen rascher zum Stillstand, wenn wir unseren Tieren Reiki schenken. Neugeborene Tiere erleben ihre Ankunft in dieser Erdendimension wesentlich harmonischer und ohne den sonst üblichen Schock, wenn sie in Reiki-Händen, also Licht-Händen, aufgenommen werden.

Sogar Pflanzen können und sollten wir Reiki schicken. Wir beginnen damit, Saatgut und Setzlinge in unseren Händen zu halten, bevor wir sie einpflanzen. Das Blumenwasser bzw. Gießwasser, der Dünger und so weiter sollten vor der Verwendung mit Reiki behandelt, also energetisiert und durchlichtet werden. Bei Topfpflanzen scheint es wirksamer zu sein, die Hände um den Unterteil des Topfes zu legen und Reiki-Kraft zu senden, als die Blätter zu behandeln. Aber natürlich ist auch das Halten der Blätter sinnvoll. Bei Bäumen sollte vor allem der Stamm behandelt werden.

Wie auch sonst im Umgang mit der wunderbaren Lichtkraft und universellen Lebensenergie, dürfen Sie sich auf Ihre eigene Intuition verlassen. Sie leitet Sie zu den Pflanzen und Pflanzenteilen, die es besonders nötig haben, und sie gibt Ihnen auch die Inspiration, welche Anwendung jetzt gerade am besten ist.

Reiki und Edelsteine

Auswählen:

Bei der Auswahl von Edelsteinen gehen wir so vor wie bei der Auswahl von Nahrungsmitteln und Naturheilmitteln.

- Zunächst einmal überlegen wir uns, welchem Zweck ein Stein dienen soll.
- Dann legen wir beide Hände sanft und leicht gewölbt auf das Herzchakra in der Mitte der Brust.
- Wir bitten unsere geistige Führung und die Lichtkraft, uns mit der rechten Hand zu dem Stein zu führen, den wir jetzt brauchen.
- Dann halten wir die rechte Hand mit der Handfläche nach unten über die in Frage kommenden Steine. Die linke Hand bleibt auf dem Herzchakra.
- Die über die Mitte der Handfläche ausgestrahlte Lichtenergie wird bei den unterschiedlichen Steinen unterschiedlich wahrgenommen. Wir empfinden das als Kribbeln, Ziehen, Wärme, Kühle oder als eine andere feine Empfindung.

- Unsere Intuition, die Verbindung mit der Gotteskraft in unserem Herzen, löst eine Empfindung – nicht immer unbedingt die angenehmste – aus, die dann ihrerseits den Impuls gibt, durch den wir erkennnen, daß dieser Stein jetzt der richtige ist. Wenn wir den so ausgewählten Stein dann in unseren Händen halten, fühlen wir in unserem Innersten ganz deutlich den Impuls, was dieser Stein für uns bedeutet. Wir lassen ihn über unsere Hände zu uns »sprechen«, »hören« ihm zu, erspüren, welche Botschaft er für uns hat.

Reinigen und Aufladen:

- Wir legen zunächst den Stein, den wir rcinigen wollen, ein bis zwei Tage in Wasser mit einer Meersalzlösung oder direkt in Meersalz hinein.
- Danach spülen wir ihn mit klarem, kaltem Wasser gründlich ab, trocknen ihn und legen ihn zwischen unsere Hände.
- Reiki-Schüler des 1. Grads strahlen nun mindestens eine halbe Stunde lang die universelle Lichtenergie auf den Stein. Damit wird er durch die Lichtkraft sowohl weiter gereinigt als auch aufgeladen.
- Reiki-Schüler des 2. Grads zeichnen oder visualisieren die drei erlernten Symbole über dem Stein und halten ihn dann etwa zehn Minuten lang zwischen beiden Händen. Sie verstärken die Reiki-Kraft gelegentlich mit dem Kraftsymbol, indem sie es in die Handflächen beziehungsweise auf den Stein visualisieren.

Sie können Ihre Steine immer wieder, nachdem Sie sie einige Zeit getragen haben, in Ihre Hände nehmen, damit belastende Energien, die der Stein inzwischen aufgenommen hat, umgewandelt werden und der Stein wieder mit Lichtkraft aufgeladen wird. Jeden Abend können Sie Ihre Steine mit »Licht-Händen« reinigen und aufladen und sollten dies mindestens einmal in der Woche auch gründlich tun.

8

Licht und Liebe

Ein liebevolles Herz
ist das geeignete Gefäß
für die göttliche Gnade,
denn Gott ist Liebe.

Reiki fürs Leben

Für mich ist Reiki eine wunderbare Hilfe zur Lösung von emotionalen Problemen, zur Bewältigung seelischer Krisen, zur Meisterung spiritueller Aufgaben und zur Findung und Erfüllung des eigenen Lebenssinns. Erst dies zusammen ist für mich ganzheitliche Heilung. Das bedeutet für mich, auf allen Ebenen unseres Seins **heil** zu werden.

Wir können Probleme nur lösen, wenn wir unser Bewußtsein klären und alles, was uns begrenzt oder behindert, mit Licht durchstrahlen. Wenn wir in einen dunklen Raum gehen, nützt es nichts, über die Dunkelheit zu jammern und gegen sie anzukämpfen. Wir brauchen nur ein Licht zu entzünden, und schon ist die Dunkelheit von selbst verschwunden, der Raum wird licht.

So können wir auch das Licht der universellen Lebensenergie bewußt in unser Leben strahlen lassen, in alle »dunklen« Bewußtseinsräume hinein und durch alle Körperzellen hindurch. Dann entsteht heilsame, lichte Harmonie »wie von selbst«.

Wir Menschen sind unserem Wesen nach göttlich! Allerdings haben wir durch eine Vielzahl unterschiedlicher Einflüsse – die Massenkultur der modernen »Zivilisation«, soziale Umstände und Zwänge, Verlust von Werten in Familie, Erziehung und Gesellschaft – meist den direkten Kontakt zu unserem inneren, lichten göttlichen Wesenskern verloren. Unsere Einstellungen dienen nicht mehr dem Leben, unsere geistigen Antennen sind verstimmt.

Reiki stellt den Kontakt zum Licht dauerhaft wieder her und macht es damit jedem Menschen möglich, zu seinem eigenen inneren Licht zu finden und dieses Licht auch auszustrahlen. Die ganze Schöpfung sehnt sich nach Durchlichtung. Reiki bringt Licht in unseren Alltag, sowohl auf den materiellen wie auf den geistigen Ebenen.

Der Tag, an dem wir Licht werden, ist in dem Maße nah, in dem wir uns dem bereits in uns vorhandenen Licht öffnen. Der vom Licht erhellte Mensch kann selbständig handeln, seine Entwicklung steuern, den notwendigen Wandel bewußt vollziehen.

Es ist nicht mehr die Zeit zu jammern, sondern zu handeln!

Im Licht sein, heißt, sich hingeben an die göttliche Lichtquelle. Glaube nicht an das Licht, sondern werde Licht! Je mehr Licht und Liebe jeder einzelne von uns ausstrahlt, umso mehr Licht und Liebe wird in unseren Beziehungen zu anderen Menschen – Eltern, Partner,

Kindern, Freunden, Kollegen, »Fremden« – und unter
allen Menschen auf unserem gemeinsamen Planeten
verwirklicht werden.

Gehen wir den Weg ins Licht,
und entscheiden uns somit für den Weg der Liebe.
Denn die Liebe ist die verbindende Kraft,
sie gibt dem Leben und der Schöpfung ihren Sinn.

Eine Licht-Meditation

Die folgende Übung schlage ich Ihnen vor, um eine erste Energieerfahrung zu machen und um Lichtenergien, mit denen Sie nach einem Reiki-Kurs bereits verbunden sind, zu verstärken. Im Anhang finden Sie dazu außerdem einige Musikvorschläge.

- Setzen oder legen Sie sich bequem hin, lösen Sie zu enge Kleidungsstücke (zum Beispiel Gürtel); vielleicht möchten Sie Brille, Uhr und Schmuck ablegen.
- Horchen Sie entspannt und ohne besondere Erwartung in sich hinein, und achten Sie auf Ihren Atem. Spüren Sie, wie Ihr Atem ganz von selbst kommt und geht – bleiben Sie passiver Beobachter, lassen Sie los.
- Wenden Sie nun Ihr Bewußtsein auf Ihr Scheitelchakra, zur Scheitelfontanelle. Stellen Sie sich dort einen großen Trichter vor, der sich weit zum Himmel öffnet.
- Lassen Sie in diesen Trichter strahlendes, weißes, göttliches Licht aus dem Urgrund allen Seins ein-

fließen – hinein in diesen Trichter und von dort in Ihren Kopf hinein, wo es sich überallhin strahlenförmig ausbreitet.

- Lassen Sie dieses wohltuende, klärende und belebende Licht nun weiter über Hals und Nacken in Ihre Schultern fließen, und von dort weiter in Arme und Hände.

- Spüren Sie, wie dieses wunderbare weiße Licht weiterfließt und sich allmählich im ganzen Körper ausbreitet – über Brust, Bauch und Rücken bis in den Unterkörper, die Beine und Füße.

- Lassen Sie dann das universelle Licht über Ihre Füße in die Erde strömen und über Ihre Hände in Ihre Umgebung. Fühlen Sie, wie die Erde unter Ihren Füßen und der Raum um Sie herum lichter wird. Je mehr Licht Sie durch sich hindurchfließen lassen und ausstrahlen, desto mehr Licht fließt Ihnen von oben zu. Der kosmische »Vorrat« ist endlos.

Sie spüren, während das strahlende, weiße Licht durch Sie strömt, wie Sie selbst zu Licht werden. Mehr und mehr öffnen Sie sich dafür, Ihre eigene Lichtnatur zu erkennen und zu erfühlen.

- Sie sind ein leuchtendes Wesen voller Licht, Liebe, Kraft und göttlicher Weisheit. Sie sind Licht!

- Seien Sie bereit, Ihrem wahren Selbst zu begegnen. Sie erkennen, wer Sie wirklich sind. Licht und Liebe durchströmt Ihr ganzes Sein. Je mehr Licht und Liebe Sie ausstrahlen, desto mehr fließt nach.

- Baden Sie in diesem Licht, fühlen Sie Ihr Einssein mit dieser Lichtquelle von Frieden, Freude, Harmonie, Glück und Einheit mit allem, was ist.

- Zum Abschluß spüren Sie noch einmal ganz in sich hinein: Hat sich in Ihnen etwas verändert, fühlen Sie sich ruhiger, entspannter, frischer, wohler oder irgendwie »anders«? Vielleicht möchten Sie sich bedanken bei der inneren Führung oder der höheren Kraft, für das, was Ihnen geschenkt worden ist.

- Kommen Sie dann bewußt in Ihren Körper zurück mit der Absicht, alles Lichte, was Sie in dieser kleinen Übung erfahren haben, in Ihren Tag und Ihre Tätigkeit mitzunehmen. Atmen Sie dreimal tief ein und aus, und wenden Sie dann Ihre Aufmerksamkeit entspannt und erfrischt wieder ganz dem Hier und Jetzt zu.

Je öfter Sie diese Lichtmeditation anwenden, desto durchlässiger werden Sie. Und desto mehr werden Sie sich Ihres wahren Wesens und Ihres wahren Seins bewußt.

9
Finde deinen Weg

Lausche nur jener Stimme,
welche lautlos in deinem Herzen ruht.

Zusammenfassung

Was heißt Rei-ki?

Rei-ki bezeichnet die Energie,
die in All-em wohnt,
die universelle Lichtenergie.

Das japanische Wort Reiki setzt sich aus den beiden Silben Rei und Ki zusammen. Rei meint das Universum, das All-Es vom kleinsten Energie-Quant bis zum Weltall, das letztlich wieder nur aus unzähligen Energie-Quanten besteht. Ki ist Energie, sei es in Form von Kraft oder Licht oder Wärme.

Was ist die Reiki-Kraft?

Die Reiki-Kraft kann man letztlich
nicht erklären, sondern nur erleben.

Man kann Wasser chemisch und physikalisch beschreiben, das Wort in verschiedenen Sprachen aufschreiben und sprechen – das alles wird dem Durstigen aber noch nicht Wasser erleben lassen als kühles, lebensspendendes Naß.

Ebenso kann die universelle Lebensenergie nicht erklärt werden. Sie ist ganzheitlich, vieldimensional und ewig. Unsere Vorstellungskraft, die an Raum, Zeit und eine Welt der Gegensätze gewöhnt ist, kann sie daher nicht begreifen oder auch nur annähernd richtig beschreiben. Alle in dieser Handreichung verwendeten Erläuterungen oder Vergleiche können also nur kleine Teilchen veranschaulichen und auch nur aus der Sicht, die wir persönlich von diesen Teilchen erhalten haben. So wie der Schatten eines Elefanten bei Beleuchtung von der Seite völlig anders aussieht als bei Beleuchtung von oben, können andere eine von unserer Sicht völlig abweichende An-Sicht des gleichen Reiki-Aspekts wiedergeben und dennoch genauso richtig vom selben sprechen wie wir.

Vielleicht können Sie sich ein Licht einer so hohen Frequenz vorstellen, daß dieses Licht nicht mehr gesehen oder direkt gemessen werden kann. Dieses Licht trägt wie die Radiostrahlen einer Fernsehsendung in seinen Schwingungsmustern den Bauplan und alle Informationen der Wesen, mit denen es in Kontakt steht.

Die universelle Lebensenergie ist die Energie, die dafür sorgt, daß sich ein Baum vom Samen zu seiner artgemäßen, natürlichen Form und Größe entwickelt und seine biologischen Funktionen ausübt.

Was ist das Reiki-System?

Ein System, in dem unsere Hände
als Übermittler höherer heilsamer
Schwingungen genutzt werden. Ab dem
2. Grad ist es verstärkt mit kraftgeladenen
universellen Symbolen.

Das Reiki-System besteht aus drei Hauptelementen, die
nur gemeinsam und in innerer Übereinstimmung die
Gewähr dafür geben, daß der korrekte »Anschluß« an
die universelle Lebensenergie hergestellt wird:
- die innere und äußere Kompetenz des Lehrers,
- die für die jeweilige Stufe des Systems erforderlichen
  Einstimmungsvorgänge,
- die korrekte Anwendung einer einzigartigen kosmischen Sprache von Energieschlüsseln.

Dieses System wird in verschiedenen Graden gelehrt
und angewendet, die aufeinander aufbauen. Jedoch ist
bereits derjenige, der die vier Einstimmungen der
Grundstufe (bzw. des 1. Grads) in voll wirksamer Form
erhalten hat, befähigt, Reiki bei sich und anderen anzuwenden.

In einem Satz:
Reiki ist das Usui-System
der natürlichen Heilung.

Nachwort

Nun, nachdem ich meine persönlichen Erfahrungen mit
Reiki und den unterschiedlichen Systemen dargestellt
habe, möchte ich Ihnen noch einige Worte mit auf den
Weg geben, die tief in meinem Herzen Resonanz fanden,
als ich sie zum ersten Male las:

> Unterschiede sind Reichtümer,
> Anlaß zum Nachdenken,
> Gelegenheiten des Wachstums,
> **nicht** Anlaß zu Konflikten.

Ich fand diese Worte in dem Buch *Vom Geist der Sonne,*
das in den Literaturhinweisen angeführt wird.

Als ich mich entschloß, Reiki-Lehrerin zu werden, hegte
ich vor allem einen aufrichtigen Wunsch, der auch heute
noch die Triebfeder meiner Arbeit darstellt: Licht und
Liebe in mein und in die Herzen aller Menschen strömen

zu lassen, mit denen ich in Berührung komme. Dabei war mir von Anfang an bewußt, daß ich auf Menschen zugehen würde, daß ich zu den Menschen hingehen, sie ansprechen und berühren sollte. Ich betrachte mich übrigens selbstverständlich nicht als »Meisterin« im höchsten spirituellen Sinne, sondern als Lehrerin und Übermittlerin.

Aber mir war auch klar, daß kein Mensch es einem anderen abnehmen kann, auf seinem eigenen, individuellen Lebensweg voranzuschreiten und die Möglichkeiten zur persönlichen Bewußtseinsentwicklung auch tatsächlich praktisch zu vollziehen. Impulse von außen helfen uns, aber den Weg gehen und unser Leben leben können wir nur allein, das heißt »all-eins«.

Jeder wird seinen Weg finden! Wenn Sie in die Stille gehen und Ihr Herz befragen, wird eine Antwort nicht lange auf sich warten lassen. Gehen Sie dann getrost, voller Zuversicht und Freude auf dem Weg voran, der Ihr ganz eigener Lebensweg ist. Es ist nicht wichtig, wie schnell Sie vorankommen oder auf welches persönliche Ziel Sie zugehen. Vielmehr ist es wichtig, daß Sie überhaupt beginnen zu gehen, daß Sie den Mut zum ersten Schritt finden und daß Sie den Weg zum Licht weitergehen, sich also bewußt öffnen und weiterentwickeln!

Wenn Sie den tiefen Wunsch in sich spüren, Reiki-Praktizierender, vielleicht später auch Reiki-Lehrer zu werden, das heißt, wenn Sie sich dafür öffnen möchten, daß die universelle Lebensenergie des göttlichen Lichts Sie durchströmt und Sie selbst diese ausstrahlen, dann folgen Sie dieser Stimme in Ihrem Herzen.

> Man sieht nur mit dem Herzen gut.
> Das Wesentliche ist für die Augen unsichtbar.
> *Antoine de Saint-Exupéry*

Für Ihren Lichtweg wünsche ich Ihnen den Mut, auf die leise Stimme in Ihrem Herzen zu hören, und die Kraft Gottes, die Sie auf diesem wunderbaren Weg begleitet.

Die allmächtige, allgegenwärtige, allwissende Kraft Gottes wird Sie zu Menschen, zu Orten und in Situationen führen, die für Ihren ganz persönlichen Lichtweg von Wichtigkeit und Nutzen sind.

Vertrauen Sie auf die Schöpferkraft in Ihrem Herzen.

Danksagung

Meinen Lehrerinnen und Lehrern, vor allem Ute Hoff-mann-Hanf-Dressler, Helga Zimmermann, Engelbert Maugg und Gary Samer, möchte ich von Herzen Dank sagen. Dank auch an alle meine Freunde des Reiki-Zentrums Allgäu (RZA), die mir halfen und helfen, und nicht zuletzt danke ich meinen Klienten und Seminarteilnehmern, durch die ich so viel lernen und erfahren durfte und mit denen ich jeden Tag weiter wachse.

Ich danke der Führung aus der geistigen Welt.

Dank an Roland Stenglin, der zu jenen Texten beigetragen hat, die auf die gemeinsame Broschüre *Reiki – Ein Weg ins Licht* zurückgehen.

Waltraud Wirthinger, Wolfgang Fink, Dirk Zaremba, Bodhi Ziegler und meinen Eltern Elfriede und Heinrich Blaszok sage ich herzlichen Dank für ihre Treue, Unterstützung und Liebe und dafür, daß sie mir einen Freiraum schufen, um dieses Buch schreiben zu können.

Reiki-Kontaktadressen

Kontaktadresse für die »Reiki Alliance«:
The Reiki Alliance, P.O. Box 41, CATALDO, Idaho 83810-1041 USA
Tel. 001-208-58 23 535; Fax 001-208-58 24 848

Kontaktadresse für »T.R.T.A.I.«:
The Radiance Technique Association International, Inc.
P.O. Box 40570, ST. PETERSBURG, Florida 33743-0570 USA
(eine Telefonnummer gibt es dort leider nicht)

Kontaktadresse für das Reiki-Zentrum Allgäu:
Beate Blaszok, Heilpraktikerin
Leiterbergstraße 61, 87488 Betzigau, Tel./Fax 0 83 04 / 7 19
Das Seminarangebot umfaßt Reiki-I- und Reiki-II-Seminare, Meisterkurse, Ausbildung zum Reiki-Lehrer, Kinderreiki sowie Reiki-II-und Reiki-III-Intensivseminare.

Literaturhinweise

Ausgewählte Reiki-Bücher:

David G. Jarrell, *Reiki Plus – Professional Practitioner's Manual for Second Degree,* Reiki Plus Publications Celina, Tennessee 1992.

Barbara Ray, *Der Reiki-Faktor,* Heyne Verlag, München 1992.

Brigitte Ziegler, *Mein Weg zu Reiki, Erfahrungen mit der Reiki-Kraft,* Windpferd 1992.

Helen J. Haberly, *REIKI – Die Geschichte von Haway Takata* (zu beziehen über das Reiki-Zentrum Allgäu).

Beate Blaszok (mit Wulfing von Rohr), *Die Reiki-Praxis,* Urania, CH-Neuhausen 1996.

Beate Blaszok, *Das andere Reiki,* Econ & List, München 1997.

Harry Palmer, *ReSurfacing,* Kamphausen, Bielefeld 1998.

Harry Palmer, *Avatar – Die Kunst, befreit zu leben,* Kamphausen, Bielefeld 1997.

Weiterführende Literatur, die inspiriert:

Anne und Daniel Meurois-Givaudan, *Vom Geist der Sonne – Die Friedensbotschaft der Lichtgestalt aus Damaskus,* Hugendubel Verlag, München 1993.

Anne und Daniel Meurois-Givaudan, *Die Essener-Erinnerungen,* Hugendubel Verlag, München 1987.

Marielu Lörler, *Der erleuchtete ALL-Tag,* Chr.-Falk-Verlag, Seeon 1988.

Wulfing von Rohr, *Meditation – Kraft aus der Mitte,* Goldmann Verlag, München 1992.

Karl O. Schmidt, *In dir ist das Licht – Vom Ich-Bewußtsein zum kosmischen Bewußtsein,* Drei Eichen Verlag, München 1987.

Rajinder Singh (im Gespräch mit Wulfing von Rohr), *Orte der Kraft – Kräfte des Lebens,* 60-Minuten-Video in englisch mit deutscher Textbroschüre mit dem vollständigen Text oder nur als gedruckter Text, zu beziehen über: Helga Kammerl, Jägerberg 21, D-82335 Berg, Tel. 0 81 51 / 5 04 49; Herbert Wasenegger, Mautner Markhofgasse 13–15/V/3, A-1110 Wien; Angela Seiler, Tödistraße 20, CH-8002 Zürich, Tel. 01 / 2 02 23 72.

Trudi Thali, *Das Vaterunser als Chakra-Meditation,* Verlag Hermann Bauer, Freiburg 1992.

Die Bibel, Neues Testament.

Die Zitate zu Kapitelbeginn

sind zum Teil neu gefaßte Sätze aus der Weltliteratur:

1: Nach einem Meditationsvorschlag von Yogananda
2: Aus den allgemeinen Reiki-Lehren
3: Nach einem Zitat aus *Vom Geist der Sonne,* siehe oben
4: Neufassung Vers 29 des Tao Te King
5: Nach Psalm 199,18 (Bibel)
6: Aus der Reiki-Arbeit
7: Matthäus 7,6–12 (Bibel)
8: Kirpal Singh aus *Sieben Wege zur Vollendung*
9: Von der Autorin
10: Nach Darshan Singh aus *Eine Träne und ein Stern*

Musikempfehlungen

Ich empfehle die Musikkassetten *Reikivision, Music for Reiki, Vol. 1* und *The Art of Meditation*. Sie sind zum Preis von 25,- DM pro Kassette erhältlich bei Musikproduktion Lenz-Isensee, Großenbuschstr. 135, D-53757 St. Augustin, Telefon 0 22 41/34 34 16, Fax: 33 87 16.

Solaris Universalis und *Atlantis Angelis* von Patrick Bernhardt empfehle ich ebenfalls; diese Musik ist bei Imagine Records erschienen.

Relax von Deuter, Edition Einklang, BMG-Ariola-Miller: eine speziell für die Tiefen-Entspannung komponierte Musik von einem Musiker, der sich seit zwanzig Jahren mit Meditations- und Heilungsmethoden beschäftigt.

Tao Te King von Deuter, Verlag Hermann Bauer, Freiburg: Musik mit ausgewählten und neu gefaßten Texten aus dem Weisheitsbuch des Lao Tse.

Spiritual Healing, Divine Harmony, Life and Lights von Sandelan (Aquamarin-Verlag).

Angel Love, Majesty, Inner Sanctum, Love in the Wind von Aeoliah führen Sie leicht und schnell in himmlische Sphären. Besonders zur Entspannung sowie bei Einschlaf- oder Durchschlafstörungen von Kindern ist seine wundervolle Komposition *Angel Love for Children* geeignet. Um das Herzzentrum zu harmonisieren, empfehle ich vom gleichen Komponisten die neueste Aufnahme: *Chambers of the Heart*. Alle CDs und MCs von Aeoliah sind zu beziehen über AEONA-Art, Postfach 17 01 16, 60075 Frankfurt/Main.

Alle genannten Musikproduktionen sind im guten Schallplatten- und Musikfachhandel bzw. in esoterischen Buchhandlungen erhältlich.

Erkenne jeden Menschen als dein eigen,
und schenke deine Liebe im Überfluß,
wohin du auch immer gehst.